2021年国家统一法律职业资格考试

·2021年·

商法
主观题

郄鹏恩 —— 编著

专题讲座

基础版 6

人民日报出版社

图书在版编目（CIP）数据

主观题商法专题讲座：基础版／郅鹏恩编著．—
北京：人民日报出版社，2021.5
ISBN 978-7-5115-7008-6

Ⅰ.①主… Ⅱ.①郅… Ⅲ.①商法－中国－资格考试
－自学参考资料 Ⅳ.①D923.99

中国版本图书馆 CIP 数据核字（2021）第 065947 号

书　　　名：主观题商法专题讲座：基础版
作　　　者：郅鹏恩
出 版 人：刘华新
责任编辑：周海燕
封面设计：赵怡迪

出版发行：人民日报出版社
社　　　址：北京金台西路 2 号
邮政编码：100733
发行热线：（010）65369509　65369527　65369846　65363528
邮购热线：（010）65369530　65363527
编辑热线：（010）65369518
网　　　址：www. peopledailypress. com
经　　　销：新华书店
印　　　刷：大厂回族自治县彩虹印刷有限公司

开　　　本：787mm×1092mm　　1/16
字　　　数：219 千字
印　　　张：9.25
版次印次：2021 年 5 月第 1 版　2021 年 5 月第 1 次印刷

书　　　号：ISBN 978-7-5115-7008-6
定　　　价：88.00 元

序 言
Preface

商法主观题考什么？

司法部对法律职业资格考试（简称法考）应试者的筛选条件明确为：考查应试者对事实的认定和法律的运用能力，选拔出满足实务需要的法律人才。商法主观题主要涉及的学科为《公司法》和《企业破产法》，《票据法》《证券法》《合伙企业法》等部门法或穿插其中涉及一题，或不考查。

实务案例所涉及的法律领域不仅仅是《公司法》甚至不仅仅是商法，一个案件不是为一个部门法而发生的，案件的发生不受法律部门划分的影响。一个案件往往涉及多个法律领域多个学科，需要考生对各种相关法律的知识和原理融会贯通。最常见的《公司法》案例或商法案例经常甚至必然会涉及《民法典》中的合同、物权、担保等相关内容，甚至还会涉及行政法的相关知识，如果涉及诉讼，还会融入民事诉讼与仲裁的相关制度。我们对以《公司法》为核心的商法的学习和研究，应该是综合性的法律研究和探讨。

商法主观题怎么考？

法考已经走过了三个年头，从命题思路来看，商法的考查依旧是以案例分析为主。但案例的实务性和综合性更强，设问更开放、更贴近实践，且兼顾社会热点问题和理论前沿问题的考查。需要考生对案件事实分析透彻，对知识内容融会贯通，有效地将案情与知识对位衔接并清晰地表达出来。

本书如何助考生攻克主观题？

一、内容

1. 删繁就简

本书将商法主观题可能涉考的知识内容，进行了细致的剖析，根据重要程度不同，删繁就简，详略不同。

2. 引入最新审判实务观点

由于商事法律制度与经济生活密切相关，且近年来新的司法解释不断涌现，商事审判的理念也在随着经济生活的需要而不断调整，本书吸纳了最高人民法院最近的有关热点问题的审判工作会议纪要的相关内容，为各位提供热点疑难问题的观点和依据。

3. 设置学科交叉内容

为应对学科交叉的综合性考查，用专节的形式设置了公司法与民法的交叉、公司法与民诉法的交叉、破产法与民诉法交叉、破产法与民法交叉等学科交叉的内容。

二、板块设置

1. 很多考生无法跨越场景转换的门槛，以至于学到的知识点和考试中的案例无法对接。为了解决大家的这一难题，本书在重要考点剖析之后设置［常见设问场景及答题思路］板块，点明每一考点在实务中会用于哪些场景，会如何设问，针对每一设问我们应如何作答，大家再也不用担心无话可说的尴尬情形。

2. 法考主观题是"写"过的，对于案例，考生不仅要能识别，可判定，更要写明白。本书在每一考点之后均设置［主观工坊］板块，题目多选自于最高院的指导案例、过往的真题案例、实践热点案例。为各位考生提供"动手"的素材，便于做到趁热打铁，学以致用。

各位考生明晰知识点，熟悉设问场景及答题思路，加上动笔训练，一气呵成，定能如愿！

郝鹏恩

2021 年 4 月 14 日于北京

目 录
Contents

专题一

公 司 法

[公司法框架体系]

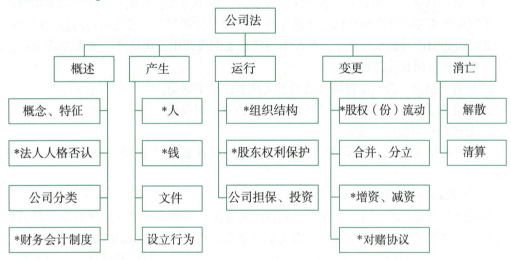

重点提示

　　商法主观题的主要命题点出自《公司法》。分值一般为 27~30 分。2017 年 9 月 1 日《公司法司法解释（四）》生效，2019 年 4 月 29 日《公司法司法解释（五）》生效，相关内容着重于针对股东权利保护问题进行细化和完善，成为主观题命题的主要依据。

　　2019 年 11 月，最高人民法院公布了《全国法院民商事审判工作会议纪要》（以下简称《九民纪要》），虽然不是法律法规也不是司法解释，但其直面民商事审判中的前沿疑难问题，密切关注正在修改中的相关法律的最新动态，为法院在审判实践中遇到的难点重点问题提出了审判思路，对考生准备主观题的观点有很大的借鉴和参考意义。本书收纳了《九民纪要》中有关公司争议的相关问题。

　　公司法中主观题考查的重点考点：法人人格否认制度、股东的利润分配、股东资格的取得和确认、名义股东和实际股东、股东出资、股东出资瑕疵的法律责任、公司组织结构、股东权利保护、公司担保、股权变动、增资和减资等。

第一节 概 述

考点1 公司的概念、特征、分类

（一）公司的概念

公司=企业法人。股东对公司承担认缴出资或认购股份为限的有限责任；公司以全部资产对债权人承担独立责任。

（二）公司的特征

1. 公司具有独立的人格

（1）财产独立。公司独立的财产来源于出资人的出资及公司成立后运营的累积财产。

①股东出资需将财产所有权（土地除外）转移至公司名下，成为公司的独立财产；

②公司的财产与股东相独立，股东不得随意支配或调用公司资产，股东如需使用公司资产一般需公司同意并付费。

（2）名义独立。公司能够以自己的名义从事民商事活动。

（3）责任独立。公司以其全部资产对公司债务承担责任。

2. 公司是社团组织，具有社团性

一人公司及国有独资公司的社团性，不是体现在投资者之间，而是体现在管理过程中。

3. 公司以营利为目的，具有营利性

公司以营利为目的，是指设立公司的目的及运作，都是为了谋求经济利益。公司的营利性是公司区别于宋庆龄基金会、茅盾文学基金会等非营利法人组织的重要特征。

⊙ ［特别提示］证券登记结算机构（简称中登公司）是以公司的形式存在，但不具有营利性，作为公司营利性的例外存在。

（三）公司分类

1. 按公司股东的责任范围划分

（1）无限责任公司；

（2）两合公司；

（3）股份两合公司；

（4）股份有限公司；

（5）有限责任公司。

我国《公司法》目前只规定了有限责任公司和股份有限公司两种类型。

⊙ ［总结］有限公司与股份公司的特征

项目	有限公司	股份公司
规模	人少，规模相对小。由50个以下的股东出资设立	人多，规模相对大。由2个以上的股东设立，股东人数无最高限额

项目	有限公司	股份公司
股本拆分	股本不拆分。股东通过章程约定持股比例	股本等额拆分，一股一权。股东以其认购的股份，享受权利，承担义务
流动性	弱。股东对外转让股权受到较为严格的限制，体现了封闭的属性	强。公司可以向社会公开发行股票筹资，股票可以依法自由转让，体现了开放的属性
运营与监管	设立手续及公司机关简易化，更多的是授权性规范，公司自治性强	治理结构规范，更多的是强制性规范，监管态度更为严格

2. 按信用基础划分

（1）人合公司

是指公司的经营活动以股东个人信用而非公司资本的多寡为基础的公司。人合公司的对外信用主要取决于股东个人的信用状况，故人合公司的股东之间通常存在特殊的人身信任或人身依附关系。无限责任公司属于典型的人合公司，我国不存在这种公司类型，类似的企业类型有普通合伙企业。

（2）资合公司

是指公司的经营活动以公司的资本规模而非股东的个人信用为基础的公司。资合公司的对外信用和债务清偿保障主要取决于公司的资本总额以及现有财产状况。股份公司属于资合公司。其中上市公司属于典型的资合公司，非上市的股份公司属于资合为主兼具人合性的公司。

（3）人合兼资合公司

是指公司的设立和经营同时依赖于股东个人信用和公司资本规模，从而兼具两种公司的特点。有限公司属于人合为主兼具资合性的公司。

3. 按公司股权转让方式划分

（1）封闭式公司

指公司股本全部由设立公司的股东拥有，其股份不能在证券市场上自由转让的公司。有限责任公司属于封闭式公司。

（2）开放式公司

指可以按法定程序公开招股、股东人数通常无法定限制、公司的股份可以在证券市场公开自由转让的公司。股份有限公司属于开放式公司，但上市公司属于真正的开放式公司，非上市公司具有一定的封闭属性。

⊙ ［总结］

项目	有限公司	股份公司	
		上市公司	非上市公司
信用基础	人合为主兼具资合	典型资合	资合性为主兼具人合性
流通性	封闭	真正开放	开放为基础兼具封闭属性

4. 按公司间关系划分

（1）母公司与子公司

母公司是指拥有其他公司一定数额的股份或根据协议，能够控制、支配其他公司的人事、财务、业务等事项的公司。

子公司是指一定数额的股份被另一公司控制或依照协议被另一公司实际控制、支配的公司。子公司具有独立法人资格，拥有自己所有的财产，自己的公司名称、章程和董事会，对外独立开展业务和承担责任。但涉及公司利益的重大决策或重大人事安排，仍要由其控股股东即母公司决定。

（2）总公司与分公司

总公司又称本公司，是指依法设立并管辖公司全部组织的具有企业法人资格的总机构。

分公司是指公司在其住所以外设立的从事经营活动的机构。分公司不具有法律上和经济上的独立地位，不具有企业法人资格，其民事责任由公司承担，但其设立程序简单。

⊙ ［总结］子公司为独立法人 VS 分公司为附属机构

项目	子公司	分公司
独立人格	有	无
独立诉讼主体资格	有	有
营业执照	有	有（分公司所在地申领，总公司所在地备案）
名称	独立	名称需要体现总公司字样
缔约能力	独立缔约	总公司授权范围内缔约
地域	无要求	总公司住所以外设立
经营负责人	无要求	无要求
责任承担	母、子公司责任彼此独立	1. 分公司对外负债，首先由分公司管理的财产清偿，不能清偿的，由总公司作为债务人负责清偿，当总公司直接管理的责任财产仍不能清偿债务的，法院可直接执行其他分公司财产。 2. 总公司对外债务，由总公司直接管理的责任财产清偿，不能清偿的，人民法院可直接执行各分公司的财产

5. 按国籍划分

（1）本国公司；

（2）外国公司。

⊙ ［常见设问场景及答题思路］

1. 股东以非货币财产出资后，仍主张无偿使用该财产是否应被支持？

［答题思路］不支持。公司是独立的企业法人，具有独立的法人财产权，股东出资完成后，对应资产属于公司所有，股东如需使用，应征求公司意见并付费。

2. 分公司对外负债无力清偿，债权人能否申请执行总公司的财产？（答题思路同3）

3. 某一分公司对外负债无力清偿，债权人能否申请执行其他分公司的财产？

［答题思路］可以。分公司没有独立地位，如果分公司无力清偿其到期债务，债权人可申请法院执行总公司经营管理的财产，仍无法清偿的，法院可直接执行其他分公司经营管理的财产。

4. 总公司对外负债，法院能否执行分公司经营管理的财产？

［答题思路］可以。分公司没有独立的法人地位，与总公司融为一体。总公司对外债

务，由总公司直接管理的责任财产清偿，不能清偿的，人民法院可直接执行各分公司的财产。

5. 分公司签署的合同产生纠纷，可否独立参加诉讼？

[答题思路] 可以。分公司是依法设立并领取营业执照的法人的分支机构，根据《民诉法司法解释》第 52 条及《民事诉讼法》第 48 条的规定，具有独立的诉讼主体地位，可作为诉讼当事人出庭参加诉讼。

6. 子公司对外欠债无力清偿，债权人可否向母公司主张承担连带责任？

[答题思路]

(1) 不能（母公司没有滥用权利）。子公司是独立的企业法人，以自己的法人财产承担责任。母公司只是其控股股东，一般情况下，母公司仅以认缴出资（有限公司）或认购股份（股份公司）为限承担有限责任，母公司不为子公司对外债务承担连带责任。

(2) 能（母公司滥用权利，过度操控子公司致使其丧失独立人格）。母公司作为控股股东，滥用股东的有限责任和公司的独立人格，严重损害了债权人的利益，根据《公司法》第 20 条，应否认子公司的独立人格，由母公司对债权人承担连带责任。

⊙ [主观工坊]

天天公司是北方省份一家从事农产品加工的公司。为拓宽市场，该公司在南方某省分别设立甲分公司与乙分公司。据查：甲分公司负责人在甲分公司的经营范围内，以天天公司的名义与 A 公司签署一份购销协议。乙分公司在经营活动中对 B 公司欠债 200 万元，到期无力清偿。请回答：

1. 甲分公司的负责人是否享有以天天公司名义对外签订合同的权利？

[答案] 享有。根据《公司法》第 14 条，公司可以设立分公司，分公司不具有法人资格，其民事责任由公司承担。但分公司在总公司授权的范围内有权从事相关的经营活动。本案中，甲分公司负责人在经营范围内有权以天天公司的名义对外签订合同。

2. B 公司是否有权申请法院执行甲分公司直接管理的财产？

[答案] 有权。根据《公司法》第 14 条及《最高人民法院关于民事执行中变更、追加当事人若干问题的规定》第 15 条的规定，分公司对外负债，不能偿付的，债权人可申请法院追加总公司为被执行人，总公司直接管理的责任财产仍不能清偿的，法院可直接执行其他分公司的财产。本案中，B 公司作为乙分公司的债权人，到期未获清偿，可申请执行天天公司直接经营管理的财产，仍无法偿付的，法院可执行包括甲分公司在内的其他分公司直接管理的财产。

考点 2 法人人格否认制度

公司人格独立和股东有限责任是《公司法》的基本原则。否认公司独立人格，由滥用公司法人独立地位和股东有限责任的股东对公司债务承担连带责任，是股东有限责任的例外情形，旨在矫正有限责任制度在特定法律事实发生时对债权人保护的失衡现象。

（一）法人人格否认中的法律责任

1. 侵权赔偿责任

（1）对公司或股东

公司股东滥用股东权利给公司或者其他股东造成损失的，应当依法承担赔偿责任；

（2）对债权人

公司股东滥用公司法人独立地位和股东有限责任，逃避债务，<u>严重损害公司债权人利益</u>的，应当对公司债务承担连带责任。

⊙ ［例］

（二）法人人格否认的常见情形及责任承担

1. 人格混同

认定公司人格与股东人格是否存在混同，最根本的判断标准是公司是否具有独立意思<u>和独立财产</u>，最主要的表现是公司的财产与股东的财产是否混同且无法区分。实践中常见的情形包括：

（1）股东无偿使用公司资金或者财产，不作财务记载的；

（2）股东用公司的资金偿还股东的债务，或者将公司的资金供关联公司无偿使用，不作财务记载的；

（3）公司账簿与股东账簿不分，致使公司财产与股东财产无法区分的；

（4）股东自身收益与公司盈利不加区分，致使双方利益不清的；

（5）公司的财产记载于股东名下，由股东占有、使用的；

（6）人格混同的其他情形。

⊙ ［特别提示］在出现人格混同的情况下，往往同时出现以下混同：公司业务和股东业务混同；公司员工与股东员工混同，特别是财务人员混同；公司住所与股东住所混同。人民法院在审理案件时，关键要审查是否构成财务混同，而不要求同时具备其他方面的混同，其他方面的混同往往只是人格混同的<u>补强</u>。

2. 过度支配与控制

公司控股股东对公司过度支配与控制，操纵公司的决策过程，使公司完全丧失独立性，沦为控股股东的工具或躯壳，严重损害公司债权人利益。实践中常见的情形包括：

（1）母子公司之间或者子公司之间进行利益输送的。

（2）母子公司或者子公司之间进行交易，收益归一方，损失却由另一方承担的。

（3）金蝉脱壳：

①先从原公司抽走资金，然后再成立经营目的相同或者类似的公司，逃避原公司债务的；

②先解散公司，再以原公司场所、设备、人员及相同或者相似的经营目的另设公司，逃避原公司债务的。

（4）过度支配与控制的其他情形。

⊙ ［特别提示］

1. 控股股东或实际控制人控制多个子公司或者关联公司，滥用控制权使多个子公司或者关联公司财产界限不清、财务混同，利益相互输送，丧失人格独立性，沦为控股股东逃避债务、非法经营，甚至违法犯罪工具的，可以综合案件事实，<u>否认子公司或者关联公司法人</u>

人格，判令承担连带责任。此处奉行层层剥离的原则，最终追究实际控制人的连带责任。

2. 被控制的子公司或关联公司之间，也应该认定横向混同，对债权人承担连带责任。

3. 资本显著不足

资本显著不足指的是，公司设立后在经营过程中，股东实际投入公司的资本数额与公司经营所隐含的风险相比明显不匹配。股东利用较少资本从事力所不及的经营，表明其没有从事公司经营的诚意，实质是恶意利用公司独立人格和股东有限责任把投资风险转嫁给债权人。

⊙ ［特别提示］由于资本显著不足的判断标准有很大的模糊性，特别是要与公司采取"以小博大"的正常经营方式相区分，因此在适用时要十分谨慎，应当与其他因素结合起来综合判断。

（三）举证责任及诉讼当事人

1. 举证责任

（1）原则：谁主张谁举证。

（2）举证责任倒置：一人公司中，债权人主张股东和公司有财务混同，要求股东承担连带责任时，适用举证责任倒置，由公司股东承担举证责任证明自己的财产和公司财产相分离。

2. 诉讼当事人

适用情形	原告	被告
先告公司已得胜诉判决后，告股东承担连带责任	债权人	股东 ［特别提示］公司为第三人
同时告公司和股东	债权人	公司和股东为共同被告
直接告股东	债权人	法院应释明并告知原告追加公司为被告，否则裁定驳回起诉

（四）个案适用

1. 只有在股东实施了滥用公司法人独立地位及股东有限责任的行为，且该行为严重损害了公司债权人利益的情况下，才能适用。严重损害债权人利益，主要是指股东滥用权利使公司财产不足以清偿公司债权人的债权。

2. "只抓坏人"，不牵连无辜。

只有实施了滥用法人独立地位和股东有限责任行为的股东才对公司债务承担连带清偿责任，而其他股东或善意相对人不应承担此责任。

3. 一人一时一事的否认。

不是全面、彻底、永久地否定公司独立的法人人格，而只是在具体案件中依据特定的法律事实、法律关系，突破股东对公司债务不承担责任的一般规则，例外地判令其承担连带责任。不能因其一失足而成千古恨。

⊙ ［常见设问场景及答题思路］

1. 案例中各主体资格是否混同？

［答题思路］

（1）肯定。从人格混同（股东与公司财务混同为主，人员、业务、场地等混同为辅的判断原则）、过度支配或控制等层面结合案情进行论证。

（2）否定。从人格混同（股东与公司财务混同为主，人员、业务、场地等混同为辅的判断原则）、过度支配或控制等层面结合案情进行反面论证。

2. 案例中的债权人应如何救济？或者是否可向某主体追究连带责任？

[答题思路]

（1）认定公司法人人格否认时，滥用权利的股东以及同时被过度控制而失去独立人格的关联企业之间都应对债权人承担连带责任（纵向及横向混同，均承担连带责任）。

（2）需注意个案适用的原则。对于不应被牵连的无辜主体（没有滥用权利的股东、善意相对人等）不能追究连带责任。

3. 与民诉法结合，对诉讼当事人设问？

[答题思路]

（1）债权人先告公司已得胜诉判决后，告股东追究其连带责任：

债权人→原告；"坏"股东→被告；公司→第三人。

（2）债权人同时告公司和股东：债权人→原告；"坏"股东+公司→共同被告。

（3）债权人没告公司直接告股东：债权人→原告；法院向原告释明并告知其追加公司为被告，否则裁定驳回起诉。

◎ [主观工坊]①

西上市东河区的甲公司由股东 A 和 B 共同出资设立，甲公司在南下市北山区有一幅土地的使用权，该地块正在准备拆迁。

东下市西河区的乙公司是北上市南海区明达公司的全资子公司，主营房地产业务。A 和 B 以个人的名义找到乙公司，与乙公司协商：A 和 B 以甲公司的土地使用权出资，共同设立承接某房地产开发项目的公司。达成《合作协议》，约定如下：

（1）以乙公司为项目运营的商事载体，A、B 获得乙公司 40% 的股权；

（2）A、B 不涉及乙公司运营管理事务，包括投资、以土地使用权设定担保等；

（3）A、B 可以取得将来项目中 40% 的房产（其中 A、B 各 20%）；

（4）A、B 得到房产后，应将股权转回明达公司名下；

（5）如因履行协议过程中发生争议，由被告所在地法院管辖。

协议签订后，乙公司对股权进行了变更，并根据股权的调整进行了商事变更登记。请回答：

甲公司对外欠债无法清偿，甲公司的债权人能否直接起诉 A 和 B，要求其承担连带责任？

[答案] 不能。根据《公司法》第 20 条第 3 款，公司股东滥用公司法人独立地位和股东有限责任，逃避债务，严重损害公司债权人利益的，应当对公司债务承担连带责任。本案中，股东 A、B 以甲公司的土地使用权和乙公司合作开发房地产项目，但是却约定将公司的股权及开发项目房产的 40% 交给自己，属于股东滥用权利，造成了股东和公司的财务混同，严重损害了债权人利益，A、B 应对甲公司的债权人承担连带责任。

股东 A、B 对债权人承担连带责任，是以甲公司对债权人的债合法存在，且甲公司不能清偿为基础的。所以案件中应有甲公司的参与才能确定此基础事实。根据《九民纪要》

---

① 案情根据 2020 年法律职业资格考试主观题改编。

第13条，债权人直接起诉 A 和 B 的，法院应释明，告知原告追加甲公司为共同被告，原告拒绝追加的，法院应当驳回起诉。

考点3　财务会计制度

（一）财务会计报告制度

公司应当在每一会计年度终了时编制财务会计报告，依法经会计师事务所审计。

⊙ ［总结］"有" + 外审。

（二）公司的收益分配制度

1. 公司的收益分配顺序

（1）法定顺序

公司当年利润分配的法定顺序如下：①

（2）非法分配需退还

公司如果在弥补亏损和提取法定公积金之前向股东分配红利的，属于违反《公司法》的行为，股东应当将其分配的利润退还给公司。

2. 股东的利润分配权（分红权）

（1）利润分配比例

①全体股东对利润分配有约定的，按约定分配。

⊙ ［特别提示］

1. 利润分配涉及每个股东的切身利益，个性化的利润分配方案需经全体股东一致同意。

2. 具体方案可灵活设置，比如以高薪代替分红的方案是合法的。

②没有约定的，有限责任公司按股东实缴的出资比例②分配。股份公司按股东实际持有的股份比例分配。

③股份公司持有的本公司股份不得分配利润。（详见下文"股份公司股份转让"）

⊙ ［记忆口诀］有限公司股东分红：有约定，看约定；没约定，看实缴。

（2）分红期限

①分红决议确定了公司对股东的分红义务，股东自此享有了独立且具体的分红请求权；股东有权单独行使或处分该分红请求权。（司法判例观点）

②分红期限按以下顺序确定：

---

① 企业所得税的优惠：如果企业有 5 年内的结转未弥补亏损，可以用税前所得弥补亏损。即先弥补 5 年内亏损再缴纳企业所得税。

② 实缴比例＝个别股东的实缴出资/所有股东的实缴出资总和。

（3）分红权的诉讼救济

①诉讼当事人

原告：股东。

共同原告：在一审法庭辩论结束前，基于同一分配方案请求分配利润并申请参加诉讼的其他股东。

第三人：不同意分红的其他股东。

被告：公司。

②证据

第一，原则上依决议主张分红。

原告举证：股东须提交载明具体分配方案的股东会或者股东大会的有效决议，否则法院应驳回诉讼请求。

被告抗辩：公司就拒绝分配利润且其关于无法执行决议进行抗辩，如果抗辩理由不成立的，人民法院应当判决公司按照决议载明的具体分配方案向股东分配利润。

第二，例外：司法强制分红。

公司股东违反法律规定滥用股东权利导致公司不分配利润，给其他股东造成损失的，原告无需提交上述分红决议。

⊙ ［特别提示］此例外性规定主要指在满足如下三个条件下，控股股东滥用权利恶意不做分红决议，股东可起诉强制分红：①公司有可供分配的税后利润；②公司不分红不是为了公司的长远发展战略及紧迫的重要利益；③不符合大小股东平等的原则。

（三）公积金

项目	来源	用途及使用限制		
		转为增加公司资本	扩大公司生产经营	弥补公司的亏损
法定公积金	法定提取：公司应当提取税后（补亏后）利润的10%入法定公积金，累计额为公司注册资本的50%以上的，可以不再提取	所留存的该项公积金不得少于转增前公司注册资本的25%。［记忆口诀］经营补亏竭尽全力，转增资本有所留存	允许	允许
任意公积金	自治，公司股东（大）会自行决定提取的金额或比例	允许	允许	允许
		［特别提示］股东（大）会自行决定使用的金额或比例		
资本公积金	法定来源：资本公积金——溢价款。主要包括股票发行的溢价款。资本公积金——其他。指国务院财政部门规定列入资本公积金的其他收入。比如股东出资的自然增值、接受赠与的财产	允许	允许	禁止

⊙ [常见设问场景及答题思路]

1. 股东的利润分配请求权法院是否应支持？

[答题思路]

（1）公司无利润可供分配→不可支持；

（2）公司有利润可供分配，出于公司的长远战略，股东会没有分红决议→不支持；

（3）公司有利润可供分配，且股东（大）会有分红决议，公司拒不执行→如果公司拒绝分配利润且其关于无法执行决议的抗辩理由不成立的，股东的利润分配请求可支持，此时逾期分配期间的利息也可以支持；

（4）公司有利润可供分配，股东（大）会被部分股东操控不作分红决议，且并非基于公司的长远战略，损害小股东利益→可支持。

2. 面对公司不分红的情形，股东如何救济自己的权利？

[答题思路]

（1）对内、对外转让股权，退出公司；

（2）如果公司符合分红条件，但股东会连续5年决议不分红，对此投反对票的股东可主张股权回购，退出公司；

（3）如果公司符合分红条件，但股东会未作分红决议，诉请法院请求公司强制分红，但一般需符合三个条件：第一，公司符合分红条件；第二，留存利润并非为公司的发展战略所必须；第三，股东之间实质不平等，小股东权益受损害。

（4）公司符合分红条件，且股东会作出分红决议，但公司未按决议执行分配，可诉请法院主张公司按协议分红并加算逾期分配期间的利息。

3. 公司应当在什么期限内对股东完成分红？

[答题思路]

（1）结合案情，分配利润的股东（大）会决议作出后，公司应当在决议载明的时间内完成利润分配。

（2）决议没有载明分红期限的，以公司章程规定的分红期限为准。

（3）决议、章程中均未规定分红期限或者规定的期限超过1年的，公司应当自决议作出之日起1年内完成利润分配。

4. 公司是否应提取法定公积金，如何使用？

[答题思路]

（1）如果公司税后利润在弥补前年度亏损后有盈余，应提取盈余的10%列入法定公积金。公司法定公积金累计额为公司注册资本的50%以上的，可以不再提取。

（2）法定公积金可用于弥补亏损、扩大生产经营且无法定限制；法定公积金可用于转增公司注册资本，但所留存的该项公积金不得少于转增前公司注册资本的25%。

5. 公司的资本公积金，如何使用？

[答题思路] 资本公积金可用于扩大公司生产经营或者转为增加公司资本，且无数额限制，但不能用于弥补公司的亏损。

⊙ [主观工坊]

鸿讯公司成立于2017年8月，主要从事精密仪器维修，公司股东5人，其中赵某用现金出资200万元，占股40%，首期40万元出资已缴纳，余款160万元，按章程约定于

2022 年 8 月份之前缴清。辛某出资 20 万元，占股 4%。2018 年 12 月，经 5 位股东一致同意约定：辛某任维修部总监，年薪 90 万元，但自愿不参加公司分红。到 2019 年年底，公司共有 300 万元可分配利润。请回答：

1. 2018 年 12 月，经 5 位股东一致同意的约定是否有效？

[答案] 有效。根据《公司法》第 34 条，股东按照实缴的出资比例分取红利，全体股东约定不按照出资比例分取红利的除外。本案中 5 位股东关于分红的约定属于以高薪代替分红的策略和安排，体现了全体股东包括辛某本人在内的共同意志，没有剥夺辛某的分红权利，没有违反法律法规的强制规定，所以此约定有效。

2. 赵某主张分取 120 万元的利润是否应被支持？

[答案] 不支持。根据《公司法》第 34 条，股东按照实缴的出资比例分取红利，全体股东约定不按照出资比例分取红利的除外。本案中，首先，各股东有约定的分红方案，应按此方案执行，其次，即使没有约定方案，赵某的利润分配应该按照实缴出资比例分配而非认缴出资比例，赵某并未缴足出资，无权按 40% 的认缴出资比例分红。

第二节　公司的产生

考点 1　人——基本概念

（一）股东（公司的出资人）

股东是股份公司或有限公司中持有股份或享有股权的人，有权出席股东（大）会并依法享有资产收益、参与重大决策和选择管理者等权利。

（二）控股股东（具有控股地位的股东）

是指其出资额占有限责任公司资本总额 50% 以上或者其持有的股份占股份有限公司股本总额 50% 以上的股东；或者出资额或者持有的股份的比例虽然不足 50%，但依其出资额或者持有的股份所享有的表决权已足以对股东会、股东大会的决议产生重大影响的股东。

（三）实际控制人

是指虽不是公司股东，但通过投资关系、协议或者其他安排，能够实际支配公司行为的人。实际控制人并非公司股东，对公司没有直接的投资关系，但可以间接地控制公司的经营决策。

⊙ [例]

（四）发起人

发起人是指依照有关法律规定订立发起人协议，提出设立公司申请，认购公司股份，并对公司设立承担责任者。发起人在公司成立后，成为公司股东。

考点 2　人——发起人责任

（一）发起人的概念及职责

为设立公司而签署公司章程、向公司认购出资或者股份并履行公司设立职责的人，应当认定为公司的发起人，包括有限公司设立时的股东。自然人、法人、其他组织、国家均可成为公司的发起人。

发起人在公司设立过程中的相互关系属于合伙性质。其权利、义务、责任可以适用合伙的有关规定。

发起人应当签订发起人协议，明确各自在公司设立过程中的权利和义务。

有限公司由 50 个以下的股东出资成立。

股份公司发起人为 2~200 人，因股份公司的开放性，所以公司成立后的股东人数可以超过 200 个，但发起人的上限人数为 200 人。发起人中需半数以上在中国境内有住所，且要求最低认购法定比例（35%）的公司股份。

（二）发起人责任

1. 公司设立成功

（1）合同责任

①发起人以个人名义签署合同

合同相对人可以选择请求该发起人承担合同责任，也可以选择请求成立后的公司承担合同责任。

②发起人以设立中公司的名义签署合同

第一，《公司法司法解释（三）》第 3 条规定，设立中的公司可以实施法律行为，所以发起人以设立中公司的名义签署的合同有效，由成立后的公司承担合同责任。

第二，如果公司能够证明发起人为谋私利而以公司的名义与第三人签订合同，公司得主张免责，但第三人为善意的除外。

（2）侵权责任

公司成立后，公司承担侵权赔偿责任。公司承担赔偿责任后，可以向有过错的发起人追偿。如果没有过错发起人，则公司自行承担。

2. 公司设立失败

（1）发起人连带责任

公司因故未成立，发起人之间是合伙性质，对设立公司行为所产生的费用和债务承担连带清偿责任。募集设立的股份公司，如果设立失败，发起人应当向认股人返还股款并加算银行同期利息。

（2）内部追偿

无过错的发起人承担赔偿责任后，可以向有过错的发起人追偿。如果均无过错，按照发起人约定的责任比例追偿，没有约定责任比例的，按照约定的出资比例追偿，没有约定出资比例的，按照均等份额追偿。

⊙ ［总结］有过错的，内追过错方，无过错的，按顺序追。顺序为：约定责任比例→约定出资比例→平均分配。

3. 内部责任

在公司设立过程中，发起人因自己的过失使公司的利益受到损害的，应当对公司承担赔偿责任。

⊙ ［总结］发起人责任

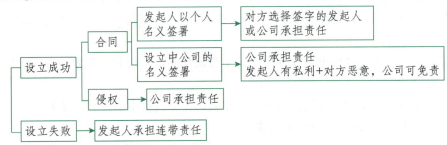

⊙ ［常见设问场景及答题思路］

1. 甲以设立中某公司的名义与 A 签订的房屋租赁合同，是否有效？

［答题思路］有效。根据《公司法司法解释（三）》第 3 条的规定，设立中的公司可以实施法律行为。虽然设立中的公司（如公司筹备组）无法人资格，属性为发起人之间的合伙，是公司成立前的过渡身份，但法律规定其具有一定的民事行为能力，以其名义签署的合同，合法有效。在此情形下，设立中公司为合同当事人。公司成立后，对此合同承担责任。

2. 乙是某公司发起人，以自己的名义与 B 签署合同购买公司经营所需大货车若干，B 如约交货，但对方的合同货款迟迟未结算完毕。后某公司未能成立，B 应如何救济自己的权利？

［答题思路］B 可向公司全体或部分发起人追究连带责任。根据《公司法司法解释（三）》第 4 条的规定，发起人为了设立公司而以自己的名义签署合同，公司未能成立，已经如约履行了合同义务的相对方 B 有权请求公司的部分或全体发起人对其承担连带责任。

3. 乙是某公司发起人，以自己的名义与 B 签署合同购买公司经营所需大货车若干，B 如约交货，但货款迟迟未结算完毕。某公司成立后，B 应如何救济自己的权利？

［答题思路］B 可以向乙或该公司主张清偿责任。根据《公司法司法解释（三）》第 2 条的规定，发起人以自己的名义订立的合同，公司成立后，对方当事人 B 可以依合同相对性向签订合同的发起人主张清偿责任，也可以因合同标的权益归属向成立后的公司主张清偿责任。

4. 丙是某公司发起人，在设立公司过程中，为了履行设立职责侵犯了 C 的合法权益。某公司于 2020 年 1 月成立，C 如何救济自己的合法权益？

［答题思路］C 可向公司主张赔偿。根据《公司法司法解释（三）》第 5 条的规定，发起人丙因履行公司设立职责造成 C 的损害，公司成立后受害人 C 可请求公司承担侵权赔偿责任。公司赔偿后可以向有过错的发起人追偿。

⊙ ［主观工坊］①

2012 年 5 月，兴平家装有限公司（下称兴平公司）与甲、乙、丙、丁四个自然人，共同出资设立大昌建材加工有限公司（下称大昌公司）。在大昌公司筹建阶段，兴平公司

---

① 案情根据 2013 年司法考试卷四真题改编。

董事长马玮被指定为设立负责人，全面负责设立事务，马玮又委托甲协助处理公司设立事务。请回答：

1. 2012年5月25日，甲以设立中公司的名义与戊签订房屋租赁合同，以戊的房屋作为大昌公司将来的登记住所。该合同是否有效？为什么？

[**答案**] 有效，根据《公司法司法解释（三）》第3条的规定，设立中的公司可以实施法律行为。设立中的公司（如公司筹备组）并无法人资格，属性为发起人之间的合伙，是公司成立前的过渡身份。但法律规定了设立中的公司具有一定的民事行为能力，以其名义签署的合同，合法有效。在此情形下，设立中公司为合同当事人。

2. 如果甲以自己的名义与戊签订房屋租赁协议，戊可否要求大昌公司支付合同价款？

[**答案**] 可以。根据《民法典》第75条的规定，发起人甲以自己的名义签署的合同产生的责任，对方当事人戊有权选择甲或大昌公司承担合同责任。

考点3 人——股东

（一）股东的概念及资格

股东又称出资人、投资人，但出资人、投资人的概念更为宽泛，股东是《公司法》上对出资人的特别称谓。

股东可以是自然人或法人，可以是非法人组织，还可以是国家（由国有资产监督管理机构代为履行股东职责和权利）。

法律对股东并无任何积极条件的要求，对于行为能力、组织形式、国籍等均无限制。当限制行为能力人或无行为能力人作为股东时，由其法定代理人代理其行使股东权利，但不能担任公司的董事、监事或高管。

⊙ [总结]"谁"都可以做股东。

（二）股东资格的取得与确认

1. 股东资格的取得

（1）原始取得

有限公司中，出资人认缴出资，公司成立并记载于股东名册后，其身份即成为股东，依据股东名册的记载行使股东权利。

股份公司中，出资人认购股份，公司成立并签发股票或记载于股东名册后，其身份即成为股东。

（2）继受取得

通过股权转让从原股东处受让股权成为公司的股东。

2. 股东资格的证明

股东资格的确认是一个复杂的系统化工程，影响股东资格的因素有很多，证明股东资格的证据也有很多，对于是否具备股东资格，应该结合案情中的各种因素综合判断，不能由某一种因素确认或否认股东资格。

证明股东资格的证据总结下来主要有如下几种：

（1）实际出资或继受股权——股东资格的实际证据

如果有实际的出资或继受股权，实际享有了股东权利，履行了股东义务，即使没有股东名册等相关证明文件也可确认股东资格，股东有权请求公司履行完善股东名册等相关义务。

（2）股东名册——股东资格的推定证据

（有限公司）记载于股东名册的股东，可以依股东名册主张行使股东权利。股东名册的记载是公司内部证明股东资格的法定文件。记载于股东名册的股东，即使未履行出资义务，也不影响公司的成立和股东资格的取得。

⊙ ［特别提示］记载于股东名册的股东，推定具有股东资格；但是如果股东名册未记载（如公司未置备股东名册或记载有遗漏等）不可直接因此否认股东资格，还需结合其他证据或因素综合判断。

（3）商事登记——股东资格的对抗证据

①公司应当将股东的姓名及名称向市场监督管理部门登记，登记事项发生变更的，应当办理变更登记。但是，若未经公司登记机关的登记，股东资格不具有对抗第三人的效力。

②股东名册与商事登记的记载内容有冲突的，对公司内部而言，以股东名册为准，对公司外部主体而言，以商事登记为准。

（4）出资证明书、公司章程——锦上添花

①出资证明书与股东资格的取得没有必然的联系，出资只是获得股权的方式之一，并非唯一方式，股东还可以通过继承、受让等获得股东资格。所以出资瑕疵不影响股东取得股东资格。

②公司章程的记载与股东资格的取得没有必然联系。公司章程中应载明股东的姓名或者名称，如果因故未记载，不能因此否认股东资格。

2. 股权转让

（1）当事人之间转让有限公司股权，受让人以其姓名或者名称已记载于股东名册为由主张其已经取得股权的，人民法院依法予以支持，但法律、行政法规规定应当办理批准手续生效的股权转让除外。

（2）未向公司登记机关办理股权变更登记的，不得对抗善意相对人。

3. 一股二卖

（1）定义

股权转让后尚未向公司登记机关办理变更登记，原股东将仍登记于其名下的股权转让、质押或者以其他方式处分的行为。

（2）二卖行为效力

基于善意取得制度判断二卖行为效力。如果符合善意取得的条件，二卖行为有效。

（3）一卖受让人的救济

①请求原股东承担赔偿责任；

②请求对于未及时办理变更登记有过错的董事、高级管理人员或者实际控制人承担相应责任。

受让股东对于未及时办理变更登记也有过错的，可以适当减轻上述董事、高级管理人员或者实际控制人的责任。

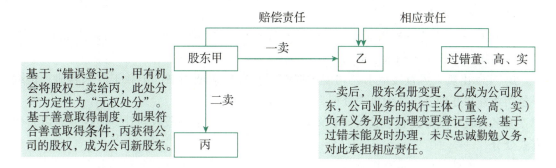

基于"错误登记"，甲有机会将股权二卖给丙，此处分行为定性为"无权处分"。基于善意取得制度，如果符合善意取得条件，丙获得公司的股权，成为公司新股东。

一卖后，股东名册变更，乙成为公司股东，公司业务的执行主体（董、高、实）负有义务及时办理变更登记手续，基于过错未能及时办理，未尽忠诚勤勉义务，对此承担相应责任。

（三）名义股东与实际股东（针对有限公司）

1. 代持股协议

（1）概念：有限责任公司的实际出资人与名义出资人订立合同，约定由实际出资人出资并享有投资权益，以名义出资人为名义股东设立公司。

名义股东，也称显名股东，是指登记于股东名册及公司登记机关的登记文件中，但事实上并没有真实向公司出资，并且也不会向公司出资的人。从形式上而言，名义股东是公司的股东，享有股东权利，承担股东义务。

实际出资人，也称为隐名股东，是向公司履行了实际的出资义务，但是其姓名或名称并未记载于公司股东名册及公司登记机关的登记文件的人。实际出资人没有股东身份，没有直接的股东权利或义务。

⊙ ［例］

实际投资人与名义股东签署代持股协议，建立合同关系，但并非公司股东

名义股东与公司建立投资关系，成为公司股东，享有股东权利承担股东责任。

（2）代持股协议的效力

实际出资人与名义股东对代持股协议效力发生争议的，如无《民法典》规定的合同无效情形，人民法院应当认定该合同有效。三方主体的法律关系为：

①名义股东 & 公司：名义股东具有公司的股东身份，享有股东权利承担股东责任；

②名义股东 & 实际投资人：代持股合同关系；

③实际投资人 & 公司：没有直接的法律关系，实际投资人不是公司的股东。

（3）三种矛盾处理

①投资权益归属

约束的是代持股协议的法律关系，实际出资人与名义股东因投资权益的归属发生争议时，保护实际出资人应享有的实际收益权。

②隐名股东显名化

第一，其他股东明示同意。

A. 经公司其他股东半数以上同意。

B. 请求公司变更股东、签发出资证明书、记载于股东名册、记载于公司章程并办理公司登记机关登记。

第二，其他股东默示同意。

A. 实际出资人能够提供证据证明有限公司过半数的其他股东知道其实际出资的事实，且对其实际行使股东权利未曾提出异议。

B. 实际出资人可直接请求公司变更股东、签发出资证明书、记载于股东名册、记载于公司章程并办理公司登记机关登记。

③名义股东处分其名下股权：名义股东将登记于其名下的股权转让、质押或者以其他方式处分

第一，该处分行为是有权处分。从形式上而言，名义股东就是公司的股东，因此名义股东处分股权的行为，定性为"有权处分"。

第二，股权转让行为效力参照善意取得制度处理。[①]

A. 如果受让方知情或应当知情，处分行为无效，受让人无法取得相应的股权或质押权。

B. 若受让方符合善意取得的条件，转让行为有效。

ⅰ. 受让人善意取得该股权或质押权。

ⅱ. 实际出资人可以因代持股协议请求名义股东承担赔偿责任。但不能向受让人或公司主张责任。

④ 名义股东的债权人申请法院执行名义股东代持的股权，实际投资人的救济：

第一，民诉角度：实际投资人对于执行标的有利害关系，可以提出案外人对执行标的的异议，法院裁定中止或者驳回后，可以通过另行起诉的方式解决纠纷。

◎ ［总结］ 提出案外人对执行标的的异议→法院裁定→另行起诉。

第二，公司法角度：法院对实际出资人提出的案外人对执行标的的异议不支持。

按照"商事外观主义"的原则，债权人对登记于名义股东名下的股权有合理的预期和信赖。实际投资人仅与名义股东具有相对性的合同关系，实际投资人在依法转为公司的股东之前，无权以内部的协议对抗外部善意债权人对名义股东的正当权利。

（4）出资瑕疵的责任承担

①名义股东对外负责。公司债权人以名义股东未履行出资义务为由，请求其对公司债务不能清偿的部分在未出资的本息范围内承担补充赔偿责任，股东以其仅为名义股东而非实际出资人为由进行抗辩的，人民法院不予支持。

②名义股东对内追偿。名义股东根据前述规定承担赔偿责任后，可向实际股东追偿。

2. 冒名股东

（1）冒用他人名义出资并将该他人作为股东在公司登记机关登记的，冒名登记行为人应当承担相应责任。

（2）公司、其他股东或者公司债权人以未履行出资义务为由，请求被冒名登记为股东的人承担补足出资责任或者对公司债务不能清偿部分承担赔偿责任的，人民法院不予支持。

---

① 《公司法司法解释（三）》第25条第1款："名义股东将登记于其名下的股权转让、质押或者以其他方式处分，实际出资人以其对于股权享有实际权利为由，请求认定股权处分行为无效的，人民法院可以参照民法典第三百一十一条的规定处理。"此处股权处分虽为"有权处分"，受让人取得股权仍应满足善意取得的条件，这是因为，股权不同于《民法典·物权编》中的动产或不动产。名义股东具有股东身份，享有股权，所以其处分股权应定性为"有权处分"，但股权毕竟与实际投资人的出资密不可分，为了兼顾实际投资人的利益，在股权受让时，仍要求受让人满足"善意取得"的条件。

⊙ [总结] 被冒名者不是股东，既无权利也无责任。

⊙ [常见设问场景及答题思路]

（一）股东资格的取得和确认

1. 张三认缴出资成为公司的股东后，没有按约实缴出资，是否影响公司的成立？张三是否取得股东资格？

[答题思路] 不影响张三取得股东资格，也不影响公司的成立。根据《公司法》的规定，公司的成立和股东资格取得的要件是股东认缴出资，而非股东实缴出资。实缴出资是公司成立后，出资人取得股东资格后，需承担的股东责任。所以未按约定实缴出资需以股东身份承担补足出资等责任，但不影响公司的成立，不影响股东资格的取得。

2. 某某是否取得了股东资格？

[答题思路] 结合案情，综合基础证据、推定证据和对抗证据来判断，如果基础证据齐备，比如股东享受或履行了实际的权利义务，只是欠缺股东名册或登记公示的，确认该股东取得股东资格，且该股东可请求公司履行变更名册和完善登记等手续。

3. 未经商事登记，某某能否取得股东资格？

[答题思路] 能或不能取得股东资格与商事登记没有直接的关系，需结合案情的其他因素进行判断。股东资格的取得与商事登记没有必然的因果联系，只是未经登记，不能对抗相对人。

（二）名义股东和实际股东

1. 代持股协议中，实际投资人可否直接向公司主张参加股东（大）会，行使表决权或者行使其他股东权利？

[答题思路] 不能。实际投资人只是跟名义股东形成合同关系，与公司并无直接的法律关系，参会、表决等是股东权利，实际投资人在合法变更为股东之前，不能直接享受股东权利。

2. 代持股协议中，实际投资人如何变为公司股东？

[答题思路] 情形一：如果案情中，对实际投资人显名化的问题没有涉及，按此思路作答：根据《公司法司法解释（三）》第24条第3款，实际投资人需要取得公司其他股东半数以上同意，请求公司变更股东、签发出资证明书、记载于股东名册、记载于公司章程并办理公司登记机关登记。

情形二：如果案情中，实际出资人能证明过半数的其他股东知道其实际出资的事实，且对其实际行使股东权利未曾提出异议的，按此思路作答：公司过半数其他股东知道其实际出资事实，且对其实际行使股东权利（结合案情具体化）未曾提出异议，实际出资人可直接请求公司登记自己为公司股东。

3. 名义股东处分股权，实际投资人可否主张处分行为无效？如何救济？

[答题思路] 情形一：受让人对代持事宜知道或应当知道，按此思路作答。

实际投资人可主张该处分行为无效。根据《公司法司法解释（三）》第25条的规定，名义股东处分股权，参照善意取得制度处理。本案中，受让人某某为知情相对人，无法善意取得该股权，故实际投资人有权主张股权转让行为无效。

情形二：受让人符合善意取得的条件，按此思路作答。

（1）实际投资人不可主张处分行为无效。根据《公司法司法解释（三）》第25条的规定，名义股东处分股权，参照善意取得制度处理。本案中，受让人对代持股事宜不知情，且股权已经进行了变更登记，所以受让人善意取得了该股权，实际投资人无权主张该处分行为无效。

（2）实际投资人仅与名义股东有委托持股的合同关系，故可因此向名义股东主张责任，而不能向公司或善意受让人主张赔偿责任。

4. 名义股东的债权人申请法院执行名义股东代持的股权时，实际出资人提出的案外人执行异议可否支持？

[答题思路] 不可支持。按照"商事外观主义"的原则，债权人对登记于名义股东名下的股权有合理的预期和信赖。实际投资人仅与名义股东具有相对性的合同关系，实际投资人在依法转为公司的股东之前，无权以内部的协议对抗外部善意债权人对名义股东的正当权利。

◎ [主观工坊]

1. 2012年4月，陈明设立一家有限责任公司，从事绿色食品开发，注册资本为200万元。公司成立半年后，为增加产品开发力度，陈明拟新增资本100万元，并为此分别与张巡、李贝洽谈，该二人均有意愿认缴全部新增资本，加入陈明的公司。陈明遂先后与张巡、李贝二人就投资事项分别签订了书面协议。张巡在签约后第二天，即将款项转入陈明的个人账户，但陈明一直以各种理由拖延办理公司变更登记等手续。2012年11月5日，陈明最终完成公司章程、股东名册以及公司变更登记手续，公司注册资本变更为300万元，陈明任公司董事长，而股东仅为陈明与李贝，张巡的名字则未出现在公司登记的任何文件中。

李贝虽名为股东，但实际上是受刘宝之托，代其持股，李贝向公司缴纳的100万元出资，实际上来源于刘宝。2013年3月，在陈明同意的情况下，李贝将其名下股权转让给善意不知情的潘龙，并在公司登记中办理了相应的股东变更。

2014年6月，因产品开发屡次失败，公司陷入资不抵债且经营无望的困境，遂向法院申请破产。请回答：①

（1）在法院受理公司破产申请前，张巡是否可向公司以及陈明主张权利，主张何种权利？为什么？

[答案] 张巡不可向公司主张权利，可向陈明主张违约责任。根据案情交代，陈明是以自己的名义与张巡签订协议，款项也是转入陈明个人账户，且张巡并未登记为公司股东，故在张巡与公司之间：第一，张巡并未因此成为公司股东；第二，张巡与公司之间不存在法律关系。因此张巡不能向公司主张任何权利。

鉴于投资协议仅存在于张巡与陈明个人之间，张巡只能向陈明主张违约责任，请求返还所给付的投资以及相应的损害赔偿。

（2）李贝能否以自己并非真正股东为由，主张对潘龙的股权转让行为无效？为什么？

[答案] 不能。李贝虽为名义股东，但在对公司的关系上为真正的股东，其对股权的处分应为有权处分；退一步说，即使就李贝的股东身份在学理上存在争议，但在《公司法司法解释（三）》第25条第1款关于股权善意取得的规定下，李贝的处分行为也已成为

---

① 案情根据2014年司法考试卷四真题改编。

有权处分行为，因此为保护善意相对人起见，李贝也不得主张该处分行为无效。

（3）刘宝可主张哪些法律救济？为什么？

[答案] 鉴于刘宝仅与李贝之间存在法律关系，即委托持股关系，因此刘宝也就只能根据该合同关系，向李贝主张违约责任，对公司不享有任何权利。

2. 2017年1月14日，段某以三弘公司假冒其名义，要求确认其不具有三弘公司的股东资格。三弘公司辩称段某是三弘公司的股东。法院经审理查明，在三弘公司的设立登记资料中，有以下4份文件签有"段某"的字样：公司设立时召开的股东会会议决议、三弘公司章程、段某的身份证复印件由甲市市场监督管理局加盖"经核对与原件一致"章，以及对公司住所地小区物业的承诺书。经法院查明，段某在庭审中对于三弘公司设立登记资料中出现的"段某"字样系由他人代签不持异议，仅对他人代签的原因存在争议，认为是三弘公司假冒其签名的方式将其登记为股东。法院同时查明2016年年底段某与公司曾经协商过股份回购事宜。

根据案情中所列事实，应当如何认定段某的股东资格？[①]

[答案] 段某是三弘公司的股东。根据案件事实可知，（1）段某持异议的不是代签字，而是代签字的原因；（2）段某在案例中不仅向三弘公司及市场监管部门出具了身份证和身份证复印件；（3）曾经与三弘公司协商股权回购事宜，因而可以证明段某对于三弘公司以代签名的方式将其登记为股东是明知的和认可的，故现在段某称其不是股东，缺乏事实和法律依据。

考点4 钱——公司资本制度

（一）认缴资本制

1. 注册资本无底线的数额要求。但其他法律法规另有规定的，从其规定。

2. 营业执照、公司章程、商事登记中需载明注册资本，但无须载明实收股本。

基于商事主体登记主义，营业执照签发日为公司的成立日。记载事项变更的，需办理变更登记，并换发执照。公司注册资本的增加或减少，也应自变更登记时生效。

3. 注册资本中货币比例无法定要求。

4. 股东可与公司自行约定出资期限。

（1）有限责任公司及以发起方式设立的股份公司采取认缴资本制，允许股东自行约定出资期限或分期分批出资。

（2）募集设立的股份公司，采取法定资本制。注册资本=实收股本，不允许分期分批缴纳出资。

5. 发起方式设立公司的，废除了法定验资程序，但允许章程约定验资。

6. 废除年检，改为年报。

（二）股东出资加速到期制度

基于现行《公司法》适用的认缴资本制，造成了某些公司注册资本很高，出资期限非常长，60年甚至80年的均有之。此等"先上车、后买票"的行为，既激活了大众创新万

---

① 案情根据国家统一法律职业资格考试案例分析指导用书"三弘公司出资纠纷案"改编。

众创业的活力，又破坏了交易安全，引发债权人交易预期的隐患。所以需要全面看待股东出资加速到期的问题，不可一刀切。

1. 原则上，股东出资不能加速到期

在注册资本认缴制下，股东依法享有期限利益，基于契约精神应保护股东的期限利益。市场监管部门登记的公示信息具备对抗效力，债权人以公司不能清偿到期债务为由，请求未届出资期限的股东在未出资范围内对公司不能清偿的债务承担补充赔偿责任的，人民法院不予支持。

2. 例外情形下可加速到期

股东享有期限利益的基本前提是风险不能外溢，下列情形下，债权人可要求股东出资加速到期：

（1）公司作为被执行人的案件，人民法院穷尽执行措施无财产可供执行，已具备破产原因，但不申请破产的。

（2）资本钓鱼：在公司债务产生后，公司股东（大）会决议或以其他方式延长股东出资期限的。

（3）公司退出之前，股东的出资需缴纳完毕，未到期的，可加速到期。

①公司破产中，股东出资义务加速到期

管理人代表债务人提起诉讼，主张出资人向债务人依法缴付未履行的出资或者返还抽逃的出资本息，出资人以认缴出资尚未届至公司章程规定的缴纳期限或者违反出资义务已经超过诉讼时效为由抗辩的，人民法院不予支持。（《破产法司法解释（二）》第二十条第1款）

②公司清算中，股东出资义务加速到期

公司解散时，股东尚未缴纳的出资均应作为清算财产。股东尚未缴纳的出资，包括到期应缴未缴的出资，以及依照《公司法》第26条和第80条的规定分期缴纳尚未届满缴纳期限的出资。（《公司法司法解释（二）》第22条第1款）

⊙ [特别提示] 如果案例中出现上述可加速到期的任一情形时，且公司注册资本过大，出资期限过长，如一人公司100亿元注册资本，80年缴足，且运营若干年没有实际缴纳股权出资，出现典型的"小马拉大车"的情形。公司债台高筑，债权人的利益无从保护，此时的公司实质属于傀儡公司，因"资本显著不足"，债权人可以启动法人人格否认制度，追究滥用权利的控股股东、实际控制人的无限连带责任。或者启动加速到期，请求股东承担补充赔偿责任。此时股东出资加速到期和公司法人人格否认相竞合，债权人可选择其一适用。

⊙ [常见设问场景及答题思路]

1. 公司设立时，公司章程约定股东若干年缴足出资/分期缴纳出资，是否合法？

[答题思路] 情形一：发起设立公司时，实行认缴资本制，股东出资可以分期缴纳，此约定是合法的。

情形二：如果是募集设立的股份公司，股东出资只能一次性实缴，此约定不合法。

2. 公司设立过程中是否需要验资？

[答题思路] 发起设立公司时无需验资，但募集设立的股份公司仍需验资。

3. 公司设立时，股东约定全部（大比例）以非货币财产出资，是否合法？

[答题思路] 合法。《公司法》对注册资本中的货币比例不作法定要求，股东可通过

公司章程来约定。

4. 对于公司不能清偿的债务,债权人能否主张未到约定的出资期限的股东承担责任?

[答题思路]

思路一:不能(如果没有特殊情况)。在注册资本认缴制下,股东依法享有期限利益,基于契约精神应保护股东的期限利益。市场监管部门登记的公示信息具备对抗效力,债权人以公司不能清偿到期债务为由,请求未届出资期限的股东在未出资范围内对公司不能清偿的债务承担补充赔偿责任的,人民法院不予支持。

思路二:能(如果案情存在特殊情况可适用加速到期制度)。常见的加速到期的情形有如下3种,结合案情来匹配适用。

(1)公司作为被执行人的案件,人民法院穷尽执行措施无财产可供执行,已具备破产原因,但不申请破产的。

(2)资本钓鱼:在公司债务产生后,公司股东(大)会决议或以其他方式延长股东出资期限的。

(3)公司退出(破产或清算)之前,股东的出资需缴纳完毕,未到期的,可加速到期。

⊙ [主观工坊]①

2015年4月,木豆公司与大林、刘可、郝郝、季季设立遥远公司,签订了《投资人协议》,签署了《遥远公司章程》,规定遥远公司的注册资本是5000万元。

其中,木豆公司认缴2000万元,大林认缴1000万元,刘可认缴500万元,郝郝认缴1000万元,季季认缴500万元。《章程》还规定,木豆公司和郝郝的出资应在公司设立时一次性缴足,大林、刘可、季季认缴的出资在公司设立后3年内缴足。

2017年9月,遥远公司因不能偿还银行到期借款3000万元本金及利息,被银行起诉到法院。在该案一审审理期间,银行以大林认缴的出资未足额缴纳为由,追加大林为被告,请求大林对遥远公司债务承担连带清偿责任。请回答:

在银行诉遥远公司和大林的清偿贷款纠纷案中,大林是否应当对公司债务承担连带责任?为什么?

[答案] 不应当。《公司法司法解释(三)》第13条第2款:"公司债权人请求未履行或者未全面履行出资义务的股东在未出资本息范围内对公司债务不能清偿的部分承担补充赔偿责任的,人民法院应予支持……"首先,大林与遥远公司约定的3年出资期限尚未到期,不属于上述"未履行出资义务"的股东,且案情没有提示遥远公司有破产、清算、执行不能、恶意延期等特殊情形,所以大林享有的期限利益不能随意被加速到期,大林不应对遥远公司的债务承担清偿责任;其次,本案中没有出现大林滥用股东权利及可否认公司人格的其他情形,股东大林无需对公司债务承担连带责任。

考点5 钱——股东出资

股东可以用货币出资,也可以用实物、知识产权、土地使用权等可以用货币估价并可以依法转让的非货币财产作价出资;但是,法律、行政法规规定不得作为出资的财产除外。

---

① 案情根据2018年法律职业资格考试主观题改编。

（一）出什么？——出资形式的合法性判断

1. 合法出资构成要件：可以用货币估价＋可以依法流通转让。

2. 合法出资形式列举：货币、实物、知识产权、土地使用权、股权、债权等。

3. 非法出资形式列举：劳务、信用、自然人姓名、商誉、特许经营权，股东用此出资的，认定为未完全履行出资义务，股东应承担相应的出资责任。

4. 瑕疵可修正形式：股东用设定担保的财产、未完成所有权转移的非货币财产出资的，应在合理期限内完成修正。

（1）合理期限内完成修正的，认定股东出资合法有效。

（2）合理期限内未完成修正的，认定为未完全履行出资义务，股东应承担相应的出资责任。

（二）怎么出？——合法出资的细节要求

1. 货币

（1）股东以货币出资的，应当将货币足额存入公司在银行开设的账户。

（2）货币来源无限制：

①以贪污、受贿、侵占、挪用等违法犯罪所得的货币出资的，出资有效，可因此获得股权。

②司法机关对违法犯罪行为予以追究、处罚时，应当采取拍卖或者变卖的方式处置其股权，而不能直接向公司追缴该股东的出资款。

2. 实物

（1）出资人以非货币财产出资，应当依法如实评估作价。

出资人以符合法定条件的非货币财产出资后，因市场变化或者其他客观因素导致出资财产贬值，不能认定为没有全面履行出资义务，当事人另有约定的除外。

（2）以房屋、土地使用权或者需要办理权属登记的知识产权等财产出资需依法办理权利转移手续。

①已经交付公司使用但未办理权属变更手续：应当在指定的合理期间内办理权属变更手续；在前述期间内办理了权属变更手续的，认定其已经履行了出资义务；出资人可主张自其实际交付财产给公司使用时享有相应的股东权利。

◉ ［总结］已交付，未登记，登记后，自交付起算实缴。

②已经办理权属变更手续但未交付给公司使用，应当向公司交付，并在实际交付之前不享有相应的股东权利。

◉ ［总结1］已登记，未交付，交付后，算实缴。

◉ ［总结2］与实缴出资有关的相应股东权利奉行"交付原则"。

（3）以不享有处分权的财产出资。当事人之间对于出资行为效力产生争议的，人民法院可以参照善意取得的规定予以认定。

3. 知识产权。著作权、专利权、商标权、发现权、发明权以及其他科技成果都是可以作为出资的知识产权的形式。

4. 土地使用权

（1）能够作为出资的土地使用权应是以出让方式获得的国有土地使用权，且无权利瑕疵和负担。

（2）如果出资人以划拨土地使用权出资，或者以设定权利负担的土地使用权出资，应当在指定的合理期间内办理土地变更手续或者解除权利负担；逾期未办理或者未解除的，追究出资人未依法全面履行出资义务的责任。

5. 股权

股权出资条件	瑕疵补正措施
1. 出资的股权由出资人合法持有并依法可以转让	出资人自我补正：股权出资不符合此三项条件的，公司、其他股东、债权人请求认定该出资人未履行出资义务的，人民法院责令该出资人在指定的合理期限内采取补正措施。逾期未补正的，应认定为未全面履行出资义务
2. 出资的股权无权利瑕疵或者权利负担	
3. 出资人已履行关于股权转让的法定手续	
4. 出资的股权已依法进行了价值评估	法院主持补正：股权出资未依法评估作价的，公司、其他股东、债权人请求认定该出资人未履行出资义务的，人民法院应当委托具有合法资格的评估机构对该财产评估作价。评估确定的价额显著低于公司章程所定价额的，人民法院应当认定出资人未依法全面履行出资义务

⊙ ［例］

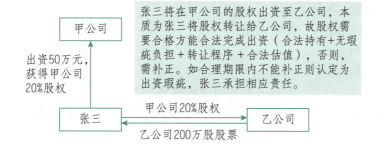

6. 债权

即债转股，可以用货币估价并依法可以转让的债权，可以用来出资。

（1）商业银行的投资领域有法定限制，所以商业银行的债转股，需要通过金融资产管理公司过渡。

（2）出资程序参看非货币财产出资。（评估定价+转让手续+有权处分）

考点 6　钱——有限责任公司股东出资瑕疵的法律责任

（一）发起人出资瑕疵

1. 出资不足

指货币没有足额存到公司账户或非货币财产没有办理财产权利的转移手续。

（1）对公司补缴，发起人连带。

①未履行或未全面履行出资义务的股东（下文称欠缴股东）应当向公司足额缴纳出资，设立公司时的其他发起人对此向公司承担连带责任。

②公司或其他股东均可以作为原告提起诉讼。

（2）对债权人补充赔偿，发起人连带。

欠缴股东在未出资的本息范围内对公司债务不能偿还的部分对债权人承担补充赔偿责

任；其他发起人对此承担连带责任，其他发起人承担责任后，可以向欠缴股东追偿。补充赔偿责任的性质如下：

①补充性

债权人向公司主张清偿责任，公司不能偿还的部分才能向股东主张责任。

②有限性

股东在未出资的本息范围内对债权人承担有限责任。

③一次性

股东对债权人承担责任后，如果全额履行了出资义务，其他债权人提出相同请求的，人民法院不予支持。

（3）对其他足额缴付出资的股东承担违约责任。

◎ ［总结］补赔+违约+连带。

2. 出资不实

指公司成立后，发现作为设立公司出资的非货币财产的实际价额显著低于公司章程的所定价额。此时出资人按照发起人协议已经办理了相关财产过户或转移手续，形式上履行了发起人协议中的义务。故对其他发起人没有违约责任，其余同"出资不足"。

（1）出资人责任

①对公司补缴，发起人连带。

②对债权人补充赔偿，发起人连带。

◎ ［总结］补赔+连带。

（2）中介机构责任

承担资产评估、验资或者验证的机构因其出具的评估结果、验资或者验证证明不实，给公司债权人造成损失的，除能够证明自己没有过错的外，在其评估或者证明不实的金额范围内承担赔偿责任。

（二）认股人增资瑕疵

认股人在公司增资时未履行或者未全面履行出资义务的，相关主体责任如下：

（1）对公司，补足出资。

（2）对债权人，补充赔偿。

（3）有过错的董事和高管承担相应责任。

没有尽到忠诚和勤勉义务而使出资未缴足的董事、高级管理人员对公司和债权人承担相应责任；董事、高级管理人员承担责任后，可以向被告股东追偿。

◎ ［特别提示］其他发起人无需承担连带责任。因为"增资"在公司成立之后，追加注册资本时发生。此时发起人已经完成了组建公司的任务，不再干涉公司内部的经营管理，当公司增资，个别认股人未履行或未全面履行出资义务时，其他发起人无需承担连带责任。但是增资事宜是由公司组织的，所以当董事、高管有过错，使得认股人的股款未及时缴足，认定为董事、高管未尽到对公司忠诚、勤勉的义务。公司或债权人一方面有权要求出资不到位的认股人补足出资，另一方面有权要求有过错的董事、高管承担相应的赔偿责任。

（三）有限公司瑕疵出资的股权转让

1. 瑕疵出资的股权转让，是指有限责任公司的股东未履行或者未全面履行出资义务即转让股权。

2. 此转让为有权转让，有效行为。

3. 法律责任

（1）转让人的责任不因转让股权而减轻或免除。

（2）受让人对此知道或者应当知道的，与原股东共同连带承担对公司的补足及对债权人的赔付责任。受让人承担责任后，可以向原股东追偿。但是，当事人另有约定的除外。

（四）抽逃出资

1. 抽逃出资的行为表现

公司成立后，公司、股东或者公司债权人以相关股东的行为符合下列情形之一且损害公司权益为由，请求认定该股东抽逃出资的，人民法院应予支持：

（1）通过虚构债权债务关系将其出资转出；（假债权）

（2）制作虚假财务会计报表虚增利润进行分配；（假报表）

（3）利用关联交易将出资转出；（关联交易）

（4）其他未经法定程序将出资抽回的行为。

⊙ ［特别提示］ 关联关系：指公司控股股东、实际控制人、董事、监事、高级管理人员与其直接或者间接控制的企业之间的关系，以及可能导致公司利益转移的其他关系。但是，国家控股的企业之间不仅仅因为同受国家控股而具有关联关系。

2. 股东与第三人签订的垫资还款协议

（1）垫资人与股东之间的关系为借款合同，垫资人是债权人。

（2）如果股东抽逃出资，将相应款项自公司非法转出还给垫资人，由相应股东承担抽逃出资的法律责任，对此无过错的垫资人无需承担连带责任。

3. 股东抽逃出资的责任

（1）抽逃行为人对公司退，对债权人补充赔。

股东抽逃出资的，应当向公司返还出资本息，对公司不能清偿的债务，抽逃出资的股东在抽逃出资本息范围内承担补充赔偿责任；抽逃出资的股东已经承担上述责任，其他债权人提出相同请求的，人民法院不予支持。

（2）"帮凶"连带。

协助抽逃出资的其他股东、董事、高级管理人员或实际控制人承担连带责任。

⊙ ［特别提示］"帮凶"的范围不仅限于公司内部上述人员，其他人协助完成抽逃出资的行为构成共同侵权，依据《民法典》也应承担连带责任。

⊙ ［总结］ 抽逃出资 & 法人人格否认

	抽逃出资	法人人格否认
行为人	股东	一般为控股股东
行为表现	"合法形式掩盖非法目的"，通过"虚假"的行为将出资非法转出	滥用股东权利和公司的独立法人地位，严重损害债权人利益
侵害标的	限定于股东自己的出资范围内	公司的全部资产
法律责任	抽逃出资本息范围内的有限责任	无限连带责任

（五）有限责任公司股东出资瑕疵或抽逃出资的权利限制

1. 出资有瑕疵，限制新、剩、利：

（1）"限制"权利的适用情形是股东未出资、未完全出资或抽逃出资，数额不限；

（2）对利润分配请求权、新股优先认购权、剩余财产分配请求权（新、剩、利）等股东权利作出相应的合理限制，其他股东权利不受限制。

2. 解除股东资格（适用于有限责任公司）

（1）股东未履行出资义务或抽逃完毕全部出资。

（2）经公司催告缴纳或返还，其在合理的期限内仍未缴纳或返还，公司可以通过股东会决议解除其股东资格。

（3）人民法院在判决时应当释明，公司应当及时办理法定减资程序或者由其他股东或者第三人缴纳相应的出资。完成上述流程并变更登记之前，公司债权人有权依据商事登记向该股东及其他相关当事人主张出资瑕疵或抽逃出资的相应责任。

⊙ ［特别提示］限制权利或解除资格的股东会议，当事股东应回避。

3. 股东出资瑕疵或抽逃出资，对公司的补缴义务不受诉讼时效保护，对债权人的补充赔偿责任，以债权人的债权保护时效为承担责任的时效。

⊙ ［常见设问场景及答题思路］

1. 股东出资是否符合法律的规定？

［答题思路］

（1）股东可以用货币出资，也可以用实物、知识产权、土地使用权等出资；

（2）股东不得以劳务、信用、自然人姓名、商誉、特许经营权或者设定担保的财产出资；

（3）允许"赃款"出资：以贪污、受贿、侵占、挪用等违法犯罪所得的货币出资，出资合法有效，可以取得股权。如涉及股东违法行为的处罚，应当采取拍卖或者变卖的方式处置其股权，公司应当配合；

（4）以不享有处分权的财产出资，属于无权处分，参照善意取得的规则处理；

（5）以房屋、土地使用权或者需要办理权属登记的知识产权等财产出资的，已交付，未登记，补登记后，自交付起算实缴出资，享有相应股权；已登记，未交付，交付后，算实缴出资，享有相应股权；

（6）股东可以其对另一公司享有的股权出资。要满足股权出资的要求：合法性+无瑕疵+手续全+已评估，如果有欠缺则需依法修正，否则认定为未完全履行出资义务承担相应的法律责任。

2. 公司设立或运行过程中有欠缴出资的股东，欠缴股东应承担怎样的法律责任？

［答题思路］

（1）公司可要求欠缴股东补足，同时要求公司设立时的其他股东承担连带责任；

（2）如果发起人出资不足，其余足额缴付出资的发起人可以要求其承担违约责任；

（3）非货币财产过高估价，按估价当时的价值判断，后因为市场等客观原因导致贬值不能认定出资人未完全履行出资义务；

（4）公司设立时，股东未履行或未完全履行出资义务，债权人有权要求其在未出资本息范围内对公司债务不能清偿的部分承担补充赔偿责任，公司设立时的其他股东承担连带责任；

（5）公司增资时，股东未履行或未完全履行出资义务，债权人有权要求其在未出资本息范围内对公司债务不能清偿的部分承担补充赔偿责任，同时有权要求对此有过错的董事、高管承担相应责任。

3. 股东抽逃出资，垫资第三人承担怎样的责任？

[答题思路] 第三人垫资协议定性为借款协议，不违法。股东抽逃出资偿还第三人，股东自己承担抽逃出资的法律责任，第三人无过错的对此不承担责任。

4. 股东能否以超过诉讼时效为由，拒绝出资的缴付？为什么？

[答题思路] 不可以，股东未履行或未全面履行的出资义务，不受诉讼时效保护。

5. 出资有瑕疵的股权能否转让？转让后的责任如何承担？

[答题思路]

（1）可以转让，转让有效；

（2）瑕疵出资法律责任由转让人承担；

（3）恶意受让人承担连带责任，承担责任后，可向转让人追偿；

（4）善意受让人被保护。

◎ [主观工坊]

1. 甲公司为一家集体所有制企业转制的有限责任公司，注册资本 2000 万元，乙公司经甲公司增资加入甲公司，约定：乙公司认缴新股 3000 万元，乙公司分三期履行出资义务。协议签订后 15 日内缴纳 200 万元，股权变更登记后半年内缴纳 800 万元。余款在甲公司上市前缴纳完毕。乙公司被登记为甲公司股东，并依约实缴前两期出资。

1 年后，甲公司经营不善，乙公司与甲公司的原有股东因经营理念不合，矛盾日渐激化，甲公司业绩堪忧。后甲公司原股东在未通知乙公司的情况下，召开股东会，通过了解除乙公司股东资格的决议。请回答：①

甲公司的股东会解除乙公司股东资格的行为效力如何？

[答案] 无效。根据《公司法司法解释（三）》第 17 条，有限责任公司的股东未履行出资义务或者抽逃全部出资，经公司催告缴纳或者返还，其在合理期间内仍未缴纳或者返还出资，公司有权以股东会决议解除该股东的股东资格。本案中，乙公司实际缴纳了出资 1000 万元，且没有经过催告未缴纳的程序，不能被解除股东资格，甲公司股东会解除其股东资格的行为无效。

2. 2015 年 4 月，木道公司和林强、刘珂、郝宏、季翔成立了遥想公司，公司注册资本 5000 万元，其中林强认缴 1000 万元，刘珂认缴 500 万元，郝宏认缴 1000 万元，季翔认缴 500 万元，木道公司认缴 2000 万元。刘珂是法定代表人。林强和刘珂系情侣关系。林强从自己个人账户中先后拨款 80 万元和 100 万元打入刘珂的个人账户，由刘珂打入公司账户，注明为出资款。林强向法院起诉，主张刘珂两次打入公司的出资款项系由自己实际出资，要求享有刘珂实际出资的 180 万元的相应股权，林强的主张是否应支持？②

[答案] 林强的主张不能支持。货币作为一般等价物，从股东刘珂的账户支付给公司，且注明为"出资款"，应认定为刘珂履行的实际出资义务，不能认定为林强的出资。林强也不能享有该实际出资所对应的股权。

3. 美森公司成立于 2009 年，主要经营煤炭。股东是大雅公司以及庄某、石某。章程

---

① 案情根据 2020 年法律职业资格考试主观题改编。

② 案情根据 2018 年法律职业资格考试主观题改编。

规定公司的注册资本是 1000 万元，三个股东的持股比例是 5∶3∶2；各股东应当在公司成立时一次性缴清全部出资。大雅公司将之前归其所有的某公司的净资产经会计师事务所评估后作价 500 万元用于出资，这部分资产实际交付给美森公司使用；庄某和石某以货币出资，公司成立时庄某实际支付了 100 万元，石某实际支付了 50 万元。2012 年开始，公司经营逐渐陷入困境。庄某将其在美森公司中的股权转让给了其妻弟杜某。① 请回答：

（1）应如何评价美森公司成立时三个股东的出资行为及其法律效果？

[答案] ①大雅公司出资合法有效。根据《公司法》第 27 条的规定，股东可以用能以货币估价并可以依法转让的非货币财产作价出资。本案中，大雅公司用来出资的净资产本来归大雅公司，且经过了会计师事务所的评估作价，且这些净资产已经由美森公司实际占有和使用。所以应当认定大雅公司完全履行了出资义务。

②庄某按章程应当以现金 300 万元出资，仅出资 100 万元；石某按章程应当出资 200万元，仅出资 50 万元，所以两位自然人股东没有完全履行自己的出资义务，根据《公司法》第 28 条的规定，应当继续履行出资义务及承担违约责任。

（2）庄某可否将其在美森公司中的股权进行转让？为什么？这种转让的法律后果是什么？

[答案] 根据《公司法司法解释（三）》第 18 条的规定，瑕疵出资股权可转让；这种转让的法律后果就是如果受让人知道，转让人和受让人对公司以及债权人要承担连带责任，受让人再向转让人进行追偿。本案中，尽管庄某没有全面履行自己的出资义务，但其股权也是可以转让的。受让人是其妻弟，按生活经验应当推定杜某是知情的。所以庄某对公司或债权人仍应承担瑕疵出资的对应责任，受让人杜某承担连带责任，杜某承担责任后可向庄某追偿。

4. 2012 年 5 月，兴平公司与甲、乙、丙、丁四个自然人，共同出资设立大昌公司。在大昌公司筹建阶段，兴平公司董事长马玮被指定为设立负责人，全面负责设立事务。据查，第一，兴平公司所出资的厂房，其所有权原属于马玮父亲；2011 年 5 月，马玮在其父去世后，以伪造遗嘱的方式取得所有权，并于同年 8 月，以该厂房投资设立兴平公司，马玮占股 80%。而马父遗产的真正继承人，是马玮的弟弟马祎。第二，甲出资的设备，在2012 年 6 月初，时值 130 万元；在 2013 年 1 月，时值 80 万元。

甲出资 100 万元现金。但甲的 100 万元现金系由其朋友满钺代垫，且在 2012 年 6 月10 日，甲将该 100 万元自公司账户转到自己账户，随即按约还给满钺。② 请回答：

（1）马祎能否要求大昌公司返还厂房？为什么？

[答案] 可以。首先，因继承无效，马玮不能取得厂房所有权，而其将厂房投资设立兴平公司，又因马玮是兴平公司的董事长，其主观恶意视为所代表公司的恶意，因此不能使兴平公司善意取得厂房所有权；其次，兴平公司将该厂房再投资于大昌公司时，马玮又是大昌公司的设立负责人与成立后的公司董事长，同样不能使大昌公司善意取得所有权。因此厂房的所有权仍应归属于马祎，可以向大昌公司请求返还。

（2）在 2013 年 1 月，丙、丁能否主张甲设备出资的实际出资额仅为 80 万元，进而要

---

① 案情根据 2016 年司法考试卷四真题改编。

② 案情根据 2013 年司法考试卷四真题改编。

求甲承担相应的补足出资责任？为什么？

[**答案**] 不可以。根据《公司法司法解释（三）》第 15 条的规定，出资人以符合法定条件的非货币财产出资后，因市场变化或者其他客观因素导致出资财产贬值，公司、其他股东或者公司债权人请求该出资人承担补足出资责任的，人民法院不予支持。本案中，确定甲是否已履行出资义务，应以设备交付并移转所有权至公司时为准，故应以 2012 年 6 月初之价值（130 万元），而不应以 2013 年 1 月的价值（80 万元）作为确定甲承担相应的补足出资责任的标准。

（3）满钺是否应对大昌公司承担责任？

[**答案**] 满钺不需要承担相应的责任。甲与满钺之间系合法有效的借款合同关系，甲实施了抽逃出资行为，甲自行承担对公司的补足责任，满钺并未协助，不承担连带责任。

考点 7　公司章程

（一）公司章程的订立

设立公司必须订立公司章程，不可缺少或替代。

1. 共同订立：全体股东或发起人共同起草、协商制定公司章程。

2. 分别订立：部分成员起草、制定公司章程，而后经其他股东或发起人签字同意。如募集设立股份公司，由发起人制定，创立大会通过生效。

公司章程应当提交市场监督管理部门进行登记，不登记不能对抗第三人。

3. 不可被发起人协议或设立协议所替代

发起人协议主要是明确各发起人在公司设立过程中的权利和义务的协议。公司章程是指公司设立所必备的，规定其名称、宗旨、资本、组织机构等对内对外事务的基本法律文件，二者的调整对象、制定目的、效力范围等均不同，不可互相取代。

（二）公司章程的效力

1. 对公司：章程写明公司名称、经营范围等，公司依据章程的规定产生公司的组织结构。

2. 对股东：（1）对参与制定的股东+后加入公司的股东均有约束力；（2）比如股东依据公司章程规定的出资期限缴纳出资，分配利润，有限责任公司股东依据章程的规定行使表决权等。

3. 对董事、监事、高级管理人员：董事、监事、高级管理人员应当遵守公司章程，依照法律和公司章程的规定行使职权。

董事、监事、高级管理人员越权行为的效力，内外分开评价，保护善意相对人。如果相对人是善意的，认可对外行为的法律效力，但支持内部追究越权者的责任。

⊙ [常见设问场景及答题思路]

1. 某公司股东会决议不制定公司章程是否合法？

[**答题思路**] 不合法。公司章程是设立公司的必备文件。

2. 外聘的公司总经理张三，是否受公司章程的约束？

[**答题思路**] 受约束。公司章程对公司、股东、董事、监事、高级管理人员均有约束力。

3. 某公司总经理李四超越公司章程对其的授权，代表公司与 A 公司签署某合同，此合同是否有效？

[**答题思路**] 有效。公司章程对李四的授权范围，属于公司的内部规范，外部债权人A公司并不知情（案例中未体现A公司知情，一般认定其不知情）。作为善意相对人，A公司应受到保护，所以李四以公司名义与A公司签署的合同有效。如果公司因此受到损失可以向李四追偿。

⊙ [**主观工坊**]

甲、乙、丙、丁四人共同出资成立翰林公司，协商制定公司章程时甲未出席，乙、丙、丁一致同意且于章程中签字，乙伪造了甲的签字。公司成立后，四股东协商一致共同签署一协议，就股东之间的权利义务等事宜进行了约定。请回答：

1. 乙、丙、丁同意并签字后，翰林公司的章程是否已经生效？

[**答案**] 未生效。根据公司法理论，有限公司章程应该由全体发起人共同制定生效。本案中，甲未出席，乙伪造签字无效，所以公司章程未生效。

2. 四股东签署的协议是否是公司章程的一部分？

[**答案**] 不是。根据公司法理论，四股东签署的协议约定了四股东之间的权利和义务，此协议与公司章程是彼此独立的两份契约，其性质、约束对象、适用范围、效力等有所区别，并非包含或相同的法律关系，也不能彼此替代。

考点8 公司设立程序

（一）设立程序的种类

公司设立方式分为两种：发起设立和募集设立。

对比项目	发起设立	募集设立
程序	由发起人认购公司应发行的全部股份，不向发起人之外的任何人募集而设立公司	由发起人认购公司应发行股份的一部分，其余向社会公开募集或者向特定对象募集而设立公司
适用的公司	有限责任公司、股份有限公司	股份有限公司

（二）募集设立

1. 有符合条件的发起人

（1）人数：2~200人；

（2）半数以上在中国境内有住所。

2. 注册资本严格法定

股份有限公司采取募集方式设立的，注册资本为在公司登记机关登记的实收股本总额。适用严格的法定资本制，无论发起人还是认股人均不适用分期缴纳。（注册资本＝实收股本）

3. 程序

（1）发起人认购的股份不得少于公司股份总数的35%。

（2）公告招股说明书，并制作认股书，招股说明书中需附带公司章程草案。

（3）发起人同证券公司签订承销协议。

（4）发起人同银行签订代收股款的协议。

（5）股款缴足后，<u>必须经依法设立的验资机构验资并出具证明</u>。

（6）发起人应当自股款缴足之日起 <u>30 日内</u>主持召开公司创立大会。创立大会权限包括：

①对过去作总结。

第一，审议发起人关于公司筹办情况的报告；

第二，审核设立费用；

第三，审核发起人用于抵作股款的财产的作价。

②对将来作准备。

第一，通过公司章程；

第二，<u>选举董事会、监事会成员</u>。

③发生不可抗力或者经营条件发生重大变化直接影响公司设立的，可以作出不设立公司的决议。

（7）董事会在创立大会结束后 30 日内，申请设立登记。

4. 设立失败

下列情形会导致公司设立失败：

（1）到期股款未缴足；

（2）未按时召开创立大会；

（3）创立大会决议不成立公司。

设立失败后，对于募集设立期间产生的各项债务及认股人的股款并加算银行利息，由发起人承担连带责任。

⊙ ［常见设问场景及答题思路］

1. 以募集方式设立股份公司，发起人可否约定分期缴纳出资？

［答题思路］不可以。以募集方式设立股份公司的，适用严格法定资本制，无论发起人还是认股人均应一次缴足出资，不适用分期缴纳。

2. 以募集方式设立股份公司，是否需要验资？

［答题思路］需要。以募集方式设立股份公司，股款缴足后，必须经依法设立的验资机构验资并出具证明。

3. 创立大会作出的相关决议是否合法？

［答题思路］创立大会有权选举董事会、监事会成员，不能选举（副）董事长、监事会（副）主席、经理等；可以通过公司章程，不能制定公司章程；审核设立费用、发起人用于抵作股款的财产作价；法定条件下决定不成立公司。

第三节 公司运行

考点 1 公司的治理结构

（一）人事任免

1. 上级选下级，上级聘下级，任免统一

（1）股东（大）会→选非职工代表担任的董事、监事；

（2）职工大会、职工代表大会→选职工代表担任的董事、监事；

（3）董事会→聘任或解聘总经理、副总经理、财务总监等法定或公司章程约定的高级管理人员；

（4）总经理→聘任或解聘除董事会聘任之外的其他中、基层管理人员；

（5）监事会→对不称职的董事、监事或高管提罢免建议。

2. 董事职务的无因解除与离职补偿

（1）股东应享有选择管理者的自由，公司与董事之间系委托聘任的法律关系，不同于普通劳动者的劳动合同关系。股东（大）会作为上级对非职工代表所担任的董事有无因解职权。

①法律依据：

《公司法》第37条和第99条规定了股东（大）会职权中包括：选举和更换非由职工代表担任的董事、监事，决定有关董事、监事的报酬事项。

《民法典》第933条：委托人或者受托人可以随时解除委托合同。因解除合同造成对方损失的，除不可归责于该当事人的事由外，无偿委托合同的解除方应当赔偿因解除时间不当造成的直接损失，有偿委托合同的解除方应当赔偿对方的直接损失和合同履行后可以获得的利益。

②裁判思路：董事任期届满前被股东会或者股东大会有效决议解除职务，其主张解除不发生法律效力的，人民法院不予支持。

（2）为防止股东权利滥用，被解职董事可以鸣冤索赔。

董事职务被解除后，因补偿与公司发生纠纷提起诉讼的，人民法院应当依据法律、行政法规、公司章程的规定或者合同的约定，综合考虑解除的原因、剩余任期、董事薪酬等因素，确定是否补偿以及补偿的合理数额。

⊙ ［特别提示］无因解职的制度只适用于非职工代表所担任的董事，不包括职工代表担任的董事。

⊙ ［总结］人事任免

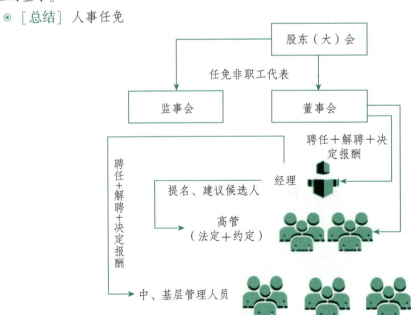

（二）股东（大）会

1. 少数股东权（持股或表决权的数额单独或合计均可以）

项目	有限公司	股份公司
提议临时股东会	代表 1/10 以上表决权的股东	单独或合计持有 10% 以上股份的股东
召集和主持	（1）召集和主持的顺序 1.召集：董事会。 2.主持：董事长→副董事长→半数以上董事推选董事代表。 3.有限公司不设置董事会的，由执行董事召集和主持。 董事会/执行董事不召集或不能召集 1.监事会召集和主持。 2.有限公司不设置监事会的，由监事召集和主持。 监事会/监事不召集或不能召集 1.有限公司：代表1/10以上表决权的股东召集和主持。 2.股份公司：连续90天，单独或合计持有公司10%以上股份的股东。 召集和主持的程序，须按上述顺序执行，股东对此无诉权保护。 ［特别提示］未按此顺序召集，对决议效力有实质影响的，可导致决议被撤销。 （2）召集和主持股东会议无诉权救济 公司召开股东（大）会本质上属于公司内部治理范围。股东请求判令公司召开股东（大）会的，人民法院应当告知其按照《公司法》第 40 条或者第 101 条规定的程序自行召开。股东坚持起诉的，人民法院应当裁定不予受理；已经受理的，裁定驳回起诉	
临时提案	/	单独或合计持有 3% 以上股份的股东，提前 10 日提交董事会。董事会应当在收到提案后 2 日内通知其他股东，并将该临时提案提交股东大会审议。临时提案的内容应当属于股东大会职权范围，并有明确议题和具体决议事项。 ［总结］3%+10 天+有效提案+2 天

2. 会议通知 & 临时会议

项目	有限公司	股份公司
会议通知	提前 15 日通知全体股东，章程另有规定除外。 ［特别提示］公司章程约定优先	年会提前 20 日通知，临时会议提前 15 日通知；发行不记名股票的，提前 30 日公告时间、地点、审议事项
	［特别提示］未依法或依据章程通知，属于召集程序违反法律或公司章程，如果对决议效力造成实质性影响，可导致决议被撤销	

续表

项目	有限公司	股份公司
临时会议	1. 代表 1/10 以上表决权的股东提议。 2. 1/3 以上的董事提议。 3. 监事会或者不设监事会的公司的监事提议。 [特别提示] 股东提议按表决权，董事提议按人数	有下列情形之一的，应当在 2 个月内召开临时股东大会： 1. 董事人数不足：董事人数低于公司法规定最低人数或章程所定人数的 2/3 时； 2. 未弥补亏损过大：公司未弥补的亏损达公司实收股本的 1/3 时； 3. 单独或合计持有公司 10% 以上股份的股东请求时； 4. 董事会认为必要时； 5. 监事会提议召开时； 6. 公司章程规定的其他情形

3. 决议

项目	有限公司	股份公司
表决权	1. 表决权：章程约定→认缴出资比例； 2. 未按认缴比例行使表决权而作出股东（大）会决议，如果此决议经过代表 2/3 以上表决权的股东通过则等同于修改了公司章程，使得该决议有效，否则股东可请求法院撤销该决议	一股一权，严格法定
特别决议	1. 七件大事：增资、减资；合并、分立；解散；改章程、改形式。 2. 特别决议 2/3：需代表 2/3 以上表决权的股东同意（有限公司以全体股东所持表决权为基础，股份公司以出席股东大会的股东所持表决权为基础）。 3. 章程授权：公司章程可在 2/3 的法律底线基础上做更严格的约定	

（三）董事会

项目	有限责任公司	股份有限公司
设立	可选。股东人数较少或者规模较小的，可以不设董事会，设 1 名执行董事行使董事会职权	必设
人数	3~13 人	5~19 人
任期及留守	不超过 3 年，可连选连任。 留守董事制度： 1. 董事任期届满未及时改选； 2. 董事在任期内辞职导致董事会成员低于法定人数的。 在改选出的董事就任前，原董事仍应当依照法律、行政法规和公司章程的规定，履行董事职务	
职工代表	可选。但国有有限责任公司和国有独资公司中必须有职工代表	可选

项目	有限责任公司	股份有限公司
董事长、副董事长产生办法	公司章程规定，但国有独资公司中，董事长、副董事长由国有资产监督管理机构指定	由董事会以全体董事的过半数选举产生
议事规则	董事会的议事方式和表决程序，除《公司法》有规定的外，由公司章程规定。 董事会的表决，实行一人一票。 [特别提示] 董事会"人头决议"，为法律强制要求，章程不可另行约定	召开：董事会会议应有过半数的董事出席方可举行。 决议：董事会作出决议，必须经全体董事的过半数通过。 表决：董事会决议的表决，实行一人一票。 代理：董事会会议，应由董事本人出席；董事因故不能出席，可以书面委托其他董事代为出席，委托书中应载明授权范围。 [特别提示] 如果出席董事会的人数不足或表决结果未达到法定的通过比例，形成的董事会决议不成立
责任承担及免责	/	董事会的决议违反法律、行政法规或者公司章程、股东大会决议，致使公司遭受严重损失的，参与决议的董事对公司负赔偿责任。但经证明在表决时曾表明异议并记载于会议记录的，该董事可以免除责任

（四）监事会

项目	有限责任公司	股份有限公司
设立	可选，股东人数较少或者规模较小的，可以不设监事会，设1至2名监事	必设机构
人数及组成	不少于3人，但国有独资公司不少于5人，由股东代表和职工代表组成	不少于3人，由股东代表和职工代表组成
职工代表	设立监事会的，职工代表比例不低于1/3，不设监事会的不要求。 股东代表由股东会选举产生，职工代表由公司职工民主选举产生。 国有独资公司非职工代表由国有资产监督管理机构委派，职工代表由职工代表大会选举产生	职工代表比例不低于1/3。股东代表由股东大会选举产生，职工代表由公司职工民主选举产生
禁止兼任	公司董事、高级管理人员不得兼任监事	
任期	3年。任期届满，可连选连任。任职期满未及时改选，或任期内辞职导致监事会成员低于法定人数的，在改选出的监事就任前，原监事要留任履职	
监事费用	行使职权所必需的费用，由公司承担	

项目	有限责任公司	股份有限公司
职权	1. 检查公司财务； 2. 对董事、高级管理人员执行公司职务时的行为进行监督，对违反法律、法规、公司章程或者股东会决议的董事、高级管理人员提出罢免的建议； 3. 当董事和高级管理人员的行为损害公司的利益时，要求董事和高级管理人员予以纠正； 4. 提议召开临时股东会会议，在董事会不履行《公司法》规定的召集和主持股东会会议职责时召集和主持股东会会议； 5. 向股东会会议提出提案； 6. 依照《公司法》第151条的规定对董事、高级管理人员提起诉讼； 7. 监事可以列席董事会会议，并对董事会决议事项提出质询或者建议。监事会、不设监事会的公司的监事发现公司经营情况异常，可以进行调查；必要时，可以聘请会计师事务所等协助其工作，费用由公司承担	

（五）董事、监事、高级管理人员

1. 消极任职资格

公司董事、监事和高级管理人员对于公司的经营管理负有重要责任，《公司法》对他们的任职资格没有设定国籍、年龄、学历等积极条件的要求，但有严格的消极条件，有下列情形之一的，不得担任公司的董事、监事、高级管理人员，董事、监事、高级管理人员在任职期间出现下列情形的，公司应当解除其职务：

（1）无民事行为能力或者限制民事行为能力。

（2）黑历史者：

①因犯有贪污、贿赂、侵占财产、挪用财产罪或者破坏社会主义市场经济秩序罪，被判处刑罚，执行期满未逾5年，或者因犯罪被剥夺政治权利，执行期满未逾5年。

②担任破产清算的公司、企业的董事或者厂长、经理，并对该公司、企业的破产负有个人责任的，自该公司、企业破产清算完结之日起未逾3年。

③担任因违法被吊销营业执照、责令关闭的公司、企业的法定代表人，并负有个人责任的，自该公司、企业被吊销营业执照之日起未逾3年。

（3）"老赖"。个人所负数额较大的债务到期未清偿。

⊙ ［特别提示］根据《公务员法》第59条的规定，公务员应当遵纪守法，不得有下列行为：违反有关规定从事或者参与营利性活动，在企业或者其他营利性组织中兼任职务。所以公务员不得担任公司的董事、监事、高管。

2. 董事、高级管理人员的特定性义务

（1）绝对禁止

①挪用公司资金；

②将公司资金以其个人名义或者以其他个人名义开立账户存储；

③接受他人与公司交易的佣金归自己；

④擅自披露公司秘密。

（2）相对禁止

①违反公司章程的规定，未经股东会、股东大会或者董事会同意，将公司资金借贷给他人或者以公司财产为他人提供担保；

②违反公司章程的规定或者未经股东会、股东大会同意，与本公司订立合同或者进行交易；（自我交易）

③未经股东会或者股东大会同意，利用职务之便利为自己或者他人谋取属于公司的商业机会，自营或者为他人经营与所任职公司同类的业务。（竞业行为）

（3）董事、高管违反特定义务的后果

①董事、高级管理人员违反上述规定从事的法律行为并不必然无效，但所得的收入归公司所有。

②董事、高级管理人员违反上述规定给公司造成损失的，向公司承担赔偿责任，但不影响其担任董事、高管的资格。

③公司怠于向董事、高管追究责任的，可以激活股东代位诉讼。

⊙ ［常见设问场景及答题思路］

1. 案例中，公司的组织机构和人员设置是否合法？

［答题思路］

（1）有限公司规模较小或者人数较少的情形下（根据案情匹配具体情形），可以不设置董事会和监事会。设置 1 名执行董事、1~2 名监事来替代；

（2）国有有限责任公司和国有独资公司，董事会中必须设置职工代表，人数不限；

（3）监事会中必须设置职工代表，人数不低于监事会人数的 1/3，不设监事会时不要求有职工监事；

（4）上市公司董事会必须设置独立董事，人数不低于董事会人数的 1/3。

2. 股东（大）会的召集程序、表决程序是否合法？

［答题思路］

（1）召集和主持，需按董事会→监事会→股东的顺序进行；股东召集和主持的条件，有限公司要求单独或合计代表 1/10 以上表决权的股东；股份公司要求单独或合计持股 10% 以上且持股时间在 90 天以上的股东。

（2）表决：

①表决权：有限公司中有约定按约定，没约定按认缴出资比例行使；股份公司按持股比例行使。

②七件大事多数决：合并 & 分立；增资 & 减资；解散；两改（章程和形式），需代表 2/3 以上表决权的股东同意。

3. 案例中公司董事会或监事会没有如期召集和主持股东会，股东是否有诉权保护？

［答题思路］没有。符合条件的股东可以自行召集和主持，不享受诉讼权利保护。

4. 本案中的情形，离职董事是否需要留守（超期服役）？

［答题思路］

（1）是否留守需要根据案情判断，需要留守的适用情形：①董事会到期未改选；②个别董事辞职导致董事会剩余人数不满足法律的最低要求。如果无上述情形则无需留守。

（2）留守董事继续保持原有身份，履行原有职责，否则因未尽到忠诚和勤勉义务需对公司承担赔偿责任。

5. 某公司增选一批董事，某候选人是否能够当选？

[答题思路] 不能担任公司董事的情形有：（1）欠缺完全行为能力。（2）三种黑历史：①特定犯罪；②破产+董事、厂长、经理+个人责任+3年内；③违法吊销+法定代表人+个人责任+3年内。（3）个人大额到期未清偿的债务负担。（4）公务员等需受职务回避的人员。

6. 董事、高管违反忠诚、勤勉的义务，签署了某合同，该合同是否有效？

[答题思路] 有效（如果无《民法典》明确规定的无效事项）。董事、高管违反了忠诚勤勉义务从事的法律行为一般是有效的，所得的收入要收归公司，因此给公司造成的损失，需要赔偿。

◎ [主观工坊]

1. 彭兵是一家（非上市）股份有限公司的董事长，依公司章程规定，其任期于2017年3月届满。由于股东间的矛盾，公司未能按期改选出新一届董事会。此后对于公司内部管理，董事间彼此推诿，彭兵也无心公司事务，使得公司随后的一项投资失败，损失100万元。请回答：

（1）彭兵是否仍为该公司的董事长？

[答案] 是。根据《公司法》第45条第2款的规定，董事任期届满未及时改选，在改选出的董事就任前，原董事仍应当依照法律、行政法规和公司章程的规定，履行董事职务。本案中包括彭兵在内的董事任期届满未及时改选，各董事仍应履行原有职务，彭兵依旧是公司董事长。

（2）公司是否有权要求彭兵赔偿全部的100万元损失？

[答案] 无权。根据《公司法》第149条的规定，董事、监事、高级管理人员执行公司职务时违反法律、行政法规或者公司章程的规定，给公司造成损失的，应当承担赔偿责任。本案中，彭兵"无心公司事务"并不能认定其违反法律、行政法规或公司章程的规定对公司造成损失，最多算作未尽到对公司勤勉的义务，并未直接造成公司100万元的损失，故不应承担此损失的全部赔偿责任。

2. 昌顺有限公司成立于2012年4月，注册资本5000万元，股东为刘昌、钱顺、潘平与程舵，持股比例依次为40%、28%、26%与6%。公司不设董事会与监事会，刘昌担任董事长，钱顺担任总经理并兼任监事。公司盈利状况不错，但2014年6月，就公司关于承租商户的筛选、租金的调整幅度、使用管理等问题的决策，刘昌与钱顺爆发严重冲突。后又发生了刘昌解聘钱顺的总经理职务，而钱顺又以监事身份来罢免刘昌董事长职位的情况。① 请回答：

（1）昌顺公司的治理结构，是否存在不规范的地方？为什么？

[答案] 存在。①昌顺公司股东人数较少不设董事会的做法符合《公司法》第50条规定，但此时刘昌的职位不应是董事长，而应是执行董事。②昌顺公司股东人数较少不设监事会符合《公司法》第51条第1款规定。但是按该条第4款规定，董事、高级管理人员不得兼任监事，故钱顺不得兼任监事。

① 案情根据2017年司法考试卷四真题改编。

（2）刘昌解聘钱顺的总经理职务，以及钱顺以监事身份来罢免刘昌董事长职位是否合法？为什么？

[答案]

①刘昌解聘钱顺符合《公司法》规定。在不设董事会的治理结构中，执行董事即相当于董事会。而按照《公司法》第49条第1款，由董事会决定聘任或解聘经理，因而刘昌作为执行董事解聘钱顺总经理职务的行为，符合《公司法》规定。

②钱顺罢免刘昌不合法。钱顺兼任公司监事不符合《公司法》规定，即使假定钱顺监事身份合法，根据《公司法》第53条，监事对公司董事、高管，只有罢免建议权，而无决定权。因此，刘昌的执行董事地位不受影响。

3. 银大房地产开发有限责任公司（以下简称银大公司）成立于2015年，公司设立时选举张一、王二、李三、赵四、周五作为公司董事会成员，张一任公司董事长，郑六为公司总经理，何七为办公室主任。公司章程规定，何七为公司高级管理人员。

股东对公司的经营状况进行了调查、查询，发现了下列情形：

总经理郑六主管的建材购买业务合同是与自己作为大股东的洪兴建材公司签订的。

董事李三通过介绍乔氏装修公司为公司的建设工程装修而获得多笔佣金合计500万元，只上缴公司300万元。

董事赵四已经到与银大公司有竞争关系的恒泰房地产开发公司兼任执行董事，并且主导为该公司策划了三个小区的建设工程，因为设计建设理念先进，恒泰公司的房产销售很好，赵四获得报酬300万元。

董事长张一的另一身份为市物价局副局长。

董事周五因父母都生病住院而拖欠了300余万元的巨额债务无力清偿，已有部分债务人到公司向其催讨。

在调查期间，办公室主任何七因挪用公司资金1000万元而被监察机关立案侦查，并提起公诉，何七挪用公司资金1000万元属实。请回答：

（1）总经理郑六将自己主管的建材购买业务合同与自己作为大股东的洪兴建材公司签订的行为是否违反法律规定？

[答案] 如果章程没有另外的规定，该行为并不违反法律的规定，当为有效。本案中合同的双方主体为银大公司和洪兴公司，并非总经理郑六，故此行为是关联交易并非自我交易。对于关联交易，法律并未禁止，银大公司的章程也未作出限制，所以该行为未违反法律规定。

（2）请评价董事李三的行为及其效力？

[答案] 根据《公司法》第148条的规定，董事、高级管理人员不得有下列行为：……（六）接受他人与公司交易的佣金归为己有……董事、高级管理人员违反前款规定所得的收入应当归公司所有。本案中董事李三通过介绍业务的方式从其他公司获取佣金，属于违反董事忠实义务和勤勉义务的行为，其违法所得的200万元应当收归公司所有。

（3）请评价董事赵四的行为及其效力？

[答案] 根据《公司法》第148条规定，董事、高级管理人员不得有下列行为：……（五）未经股东会或者股东大会同意，利用职务便利为自己或者他人谋取属于公司的商业机会，自营或者为他人经营与所任职公司同类的业务……董事、高级管理人员违反前款规

定所得的收入应当归公司所有。本案中董事赵四未经股东会同意，利用职务便利为他人经营与所任职公司同类的业务，属于违反董事忠实义务和竞业限制义务的违法行为，其违法所得的报酬当收归公司所有。

（4）请评价董事周五的情形，并分析银大公司是否应当依法解除周五的董事职务？

[答案] 应当解除。本案中，周五出现了《公司法》第146条规定的"个人所负数额较大的债务到期未清偿"的任职资格障碍，在该障碍无法消除的情形下，公司应当依法解除其董事职务。

（5）针对董事长张一的身份和办公室主任何七的犯罪情形，依法应当如何处理？

[答案] 公司应当依法解除张一的董事身份和何七的办公室主任身份。

根据《公务员法》第59条的规定，张一作为公务员，不得违反有关规定从事或者参与营利性活动，在企业或者其他营利性组织中兼任职务，所以本案中，张一不得担任银大公司的董事和董事长，应解除其董事长职务。

何七的办公室主任身份属于公司章程规定的高级管理人员，根据《公司法》第146条的规定，何七在任职期间因挪用资金被追究刑事责任，公司应解除其职务。

考点2 股东权利保护

（一）知情权

1. 股东知情权概览

项目	财务会计账簿		非核心资料	
	查阅	复制	查阅	复制
有限公司股东	√	/	√	√
股份公司股东	/	/	√	/

⊚ [特别提示]

（1）非核心资料是指公司章程、财务报告、会议记录决议等；

（2）财务会计账簿与"复制"无关；

（3）股份公司股东与"复制"无关。

2. 有限公司股东的知情权

（1）有限公司股东知情权的范围

①财务会计账簿→查阅。

②财务会计报告、公司章程、股东会决议、董事会记录等非核心资料→查阅+复制。

（2）原始凭证

股东是否有权查阅原始凭证（合同、发票、船票等），法律没有明确规定，实践中各法院结合案情自由裁量。笔者采信支持的观点。

原始凭证作为会计账簿的原始依据，是一个公司经营情况最真实的反映，是小股东最急需、控股股东和高管最害怕的查阅对象。且原始凭证的造假难度远高于会计报告，只有将原始凭证纳入查阅范围，股东对公司的经营及财务状况才有清晰且真实的了解，股东权利才能得到实质性保护。如果不开放，会使得查账权如隔靴搔痒、空中楼阁，所以有些法院在裁判中采支持的观点。最高院的公报案例亦持此观点。[①]

（3）查阅财务会计账簿"三看"

①看身份：有限公司股东（原股东）；

②看要求：书面+查阅；

③看目的：股东查账目的不正当的，公司可 15 日内书面拒绝。

第一，有限责任公司有证据证明股东存在下列情形之一的，人民法院应当认定股东有"不正当目的"：

A. 股东自营或者为他人经营与公司主营业务有实质性竞争关系业务的，但公司章程另有规定或者全体股东另有约定的除外；

B. 股东为了向他人通报有关信息查阅公司会计账簿，可能损害公司合法利益的；

C. 股东在向公司提出查阅请求之日前的 3 年内，曾通过查阅公司会计账簿，向他人通报有关信息损害公司合法利益的；

D. 股东有不正当目的的其他情形。

第二，"不正当目的"的细化：

A. 仅针对有限公司股东查阅会计账簿进行抗辩，不适用于股份公司股东，也不适用于有限公司股东查阅非核心的公司章程、董事会记录、股东会决议、财务会计报告等。

B. "不正当目的"的部分情形可通过公司章程排除。比如，公司章程可规定与公司存在竞业关系的股东可查账。

C. 法律保护公司的合法利益而非一切利益。比如，股东查账的目的是为了向与公司进行诉讼的对方当事人提供证据，公司以此认定"不正当目的"从而拒绝查账，法院不应支持。（司法裁判观点）

（4）知情权是股东的固有权利，不可实质剥夺

①公司章程、股东之间的协议等实质性剥夺股东知情权的，此章程或协议内容违背了契约自由、契约正义的精神，违反了私法自治、诚实信用的基本原则，不利于股东的权利保障。应认定为无效条款。

②股东知情权是单独的股权，与股东的持股比例、持股期限、是否实缴出资均没有关系。

（5）因知情权提起诉讼的当事人

①原告

一般：起诉时具有股东资格，包括后加入公司的股东要求查阅加入之前的资料。

特殊：原股东，有初步证据证明持股期间其合法权益受到损害；只能针对其持股期间的资料申请查阅或复制。

②被告

一般：公司。

特殊：失职的董事、高管。

董事、高管未依法履行职责，导致公司未依法制作或者保存相关的公司文件材料，造

[①] 参见"李淑君、吴湘、孙杰、王国兴诉江苏佳德置业发展有限公司股东知情权纠纷二审案"，载《最高人民法院公报》2011 年第 8 期。

成无账可查，给股东造成损失，股东可起诉要求负有相应责任的公司董事、高级管理人员承担民事赔偿责任。

（6）股东的胜诉判决及执行

①人民法院审理股东请求查阅或者复制公司特定文件材料的案件，对原告诉讼请求予以支持的，应当在判决中明确查阅或者复制公司特定文件材料的时间、地点和特定文件材料的名录。

②聘请中介辅助人

股东依据人民法院生效判决查阅公司文件材料的，在该股东在场的情况下，可以由会计师、律师等依法或者依据执业行为规范负有保密义务的中介机构执业人员辅助进行。

③查阅可包括部分重要信息的摘抄。（法院裁判观点）

（7）防止股东滥用权利，支持公司的损害索赔

①股东泄密股东赔：股东行使知情权后泄露公司商业秘密导致公司合法利益受到损害，公司请求该股东赔偿相关损失的，人民法院应当予以支持。

②第三人泄密第三人赔：根据《公司法司法解释（四）》第11条的规定，辅助股东查阅公司文件材料的会计师、律师等泄露公司商业秘密导致公司合法利益受到损害，公司请求其赔偿相关损失的，人民法院应当予以支持。

◎［常见设问场景及答题思路］

1. 有限公司股东A要求查阅公司会计账簿的权利如何保障？

［答题思路］

（1）书面向公司提出申请并说明查账目的；

（2）如果公司无故拒绝，股东不服，可以向法院提起民事诉讼保护其查阅权；

（3）胜诉后，有权请符合条件的第三人辅助查阅；

（4）一旦公司的董事、高管没有履行职责，导致没有制备或保存财务会计相关资料，使得股东权益受到损害，股东可对相应的董事、高管追究民事责任。

2. 有限公司股东B要求查阅公司的财务会计账簿，公司是否有权拒绝？

［答题思路］只有该股东存在法定的"目的不正当"的情形时（结合案情判断是否属于"不正当目的"的情形），公司才有权拒绝。如果没有此法定情形，公司以公司章程的规定、股东会决议或股东实缴出资有瑕疵等理由拒绝其查阅，人民法院不予支持。

◎［主观工坊］

1. 邹某是甲公司股东，2016年邹某向甲公司寄送书面的《查阅会计账簿申请函》被公司拒绝。邹某诉至法院。法院查明，2013年甲公司解散进入清算环节。邹某同时经营乙和丙两家公司，且乙、丙公司与甲公司的经营范围高度一致，但是2014年—2016年，乙公司和丙公司的作为计税依据的销售额为零，缴纳各项保险金的员工数量为零。请分析甲公司能否因邹某查账目的不正当拒绝其查账请求？①

［答案］不能。根据《公司法司法解释（四）》第8条的有关规定，股东自营或者为他人经营与公司主营业务有实质性竞争关系业务的，可被认定为"目的不正当"，被公司拒绝查账申请。但本案中邹某经营的乙、丙两家公司实质上已经处于歇业状态，没有实际

---

① 案例来源：广西高院桂民再（2018）第76号民事判决书。

经营活动，且甲公司于 2014 年已经解散并处于清算中，所以邹某与甲公司的主营业务不存在事实上的实质竞业关系，故甲公司不得以此为由认定邹某查账目的不正当而拒绝其查账请求。

2. 甲持有乙公司 5% 的股权，丙是乙公司的股东同时担任公司董事。乙公司章程规定股东不能查阅公司会计账簿。2019 年 1 月，甲将股权转让给丙后，公司经营立即变好，觉察异样，担心自己作为股东期间被丙"套路"。欲查阅其在职期间乙公司的会计账簿。甲是否有权查阅乙公司的会计账簿？

[答案] 有权。首先，根据《公司法司法解释（四）》第 9 条的规定，公司章程实质性剥夺股东依据《公司法》享有的查阅或复制权，公司不得以此为由拒绝股东查阅或者复制。本案中乙公司章程禁止股东的查账权是无效的；其次，虽然甲现在不再是乙公司股东，但其有初步证据证明持股期间其合法权益受到损害，故有权查阅在职期间的乙公司会计账簿。

（二）决议的效力瑕疵诉讼

项目	决议不成立	决议无效	决议可撤销
适用原因	1. 公司未召开会议的，但依据《公司法》第 37 条第 2 款或者公司章程规定可以不召开股东会或者股东大会而直接作出决定，并由全体股东在决定文件上签名、盖章的除外；（没开会） 2. 会议未对决议事项进行表决的；（没表决） 3. 出席会议的人数或者股东所持表决权不符合公司法或者公司章程规定的；（人不够） 4. 会议的表决结果未达到公司法或者公司章程规定的通过比例的；（票不够） 5. 导致决议不成立的其他情形	内容违法	1. 内容违反公司章程； 2. 召集程序、表决方式违法、违规、违章程。 [例] 通知的时间、地点、审议事项等主要内容不齐备；召集和主持的顺序违法；计票错误；回避制度适用违法等。 3. 会议召集程序或者表决方式仅有轻微瑕疵，且对决议未产生实质影响的，不撤销
原告	股东、董事、监事等。 [特别提示] 此为开放式列举的概念，还应包括高管、员工、债权人等，同时要符合民诉法中规定的"与本案有直接利害关系"的要求		股东。 （1）起诉时具有公司股东资格； （2）在决议作出之日起 60 日内请求法院撤销
共同原告	一审法庭辩论终结前，其他有原告资格的人以相同的诉讼请求申请参加上述规定诉讼的，可以列为共同原告		
被告	公司		
第三人	决议涉及的其他利害关系人		
后果影响	内部外部分开看，保护善意相对人。 股东会或者股东大会、董事会决议被人民法院判决确认无效或者撤销的，公司依据该决议与善意相对人形成的民事法律关系不受影响		

⊙ [总结] 决议效力的三种瑕疵方式是通过层层递进的方式来认定，首先判断有无不成立的情形？如果没有，决议成立。成立后判断内容是否违法违规？如果有认定决议无效。否则，判断是否有可撤销的情形，如果有，认定为可撤销，否则，决议合法有效。

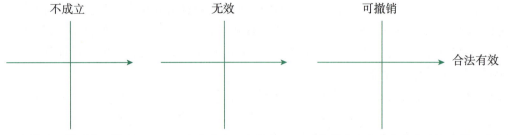

程序缺陷：没开会、没表决、人不够、票不够 内容违法、违规 1.召集程序、表决方式违法、违规、违章程；
2.程序轻微瑕疵对决议效力无本质影响，不撤销；
3.内容违反章程

⊙ [常见设问场景及答题思路]

1. 针对案例所述情形，股东A向法院起诉股东会（董事会）决议无效（撤销、不成立）是否可支持？

[答题思路] 根据案情判断：

（1）程序严重缺陷（没开会；没表决；出席人数不够；同意表决权数不够等）→不成立；

（2）权限有不合法的决议→无效；

（3）内容违法、违规的决议→无效；

（4）内容违反公司章程的决议→可撤销；

（5）程序轻微瑕疵，对决议效力没有实质影响的→忽略不计；

（6）程序一般瑕疵，影响股东权利和决议效力的→可撤销；

2. 基于某股东会（董事会）决议，甲公司与A公司签署合同，后该决议被法院确认为无效（撤销），该合同效力如何？

[答题思路] 保护善意相对人，合同有效，公司承担责任。

3. 本案中，某某是否有权提起股东（大）会决议无效/撤销/不成立？

[答题思路] 结合案情判断，适格的原告为：

（1）决议无效/不成立→股东、董事、监事等+与诉争事实有利害关系；

（2）决议撤销→起诉时具有股东身份+决议作出之日起60天内+与诉争事实有利害关系。

⊙ [主观工坊]

甲公司章程规定，公司召开股东会，需提前3天以书面形式将会议召开的时间、地点通知所有股东。2018年6月，甲公司召开股东会，董事会于会议之前提前3天以口头的形式通知了全体股东，鉴于通知的会议地点只通知了大厦和楼层，没具体到房间号。股东张三因为找寻会议室晚到了半个小时，但就会议的决议均参与了表决，张三申请法院撤销该股东会决议，法院是否应支持？

[答案] 不支持。根据《公司法司法解释（四）》第4条的规定，会议召集程序或者表决方式仅有轻微瑕疵，且对决议未产生实质影响的，对于股东提出的撤销该决议的诉讼，人民法院不予支持。本案所述情形应属于召集程序的轻微瑕疵，并未影响张三参会表决及决议效力，故张三的撤销请求法院不能支持。

（三）异议回购请求权

	有限责任公司股东	股份公司股东
适用情形	股东会决议涉及如下法定内容： ①公司连续 5 年不向股东分配利润，而公司该 5 年连续盈利，并且符合《公司法》规定的分配利润条件的；（连续 5 年盈利不分红） ②公司合并、分立、转让主要财产的；（合并、分立、转财产） ③公司章程规定的营业期限届满或者章程规定的其他解散事由出现，股东会会议通过决议修改章程使公司存续的（届满续命改章程）	股东大会决议公司合并、分立
权利人	对上述决议投反对票的股东。此处的"反对票"应理解为实质的反对意见	对上述决议有异议的股东
请求	公司以合理的价格回购其持有的本公司股权（股份）	
流程	1. 决议作出之日起 60 日内股东与公司协商； 2. 协商不成的，决议作出之日起 90 日内起诉	无诉讼救济

⊙ ［总结］有限公司股东回购请求权：有决议+有法定情形+有异议。

⊙ ［常见设问场景及答题思路］

有限公司股东 A 可否要求公司回购股权退出公司？

［答题思路］客观条件要满足：公司股东会决议如下事项：（1）连续 5 年盈利不分红；（2）股东会决议合并、分立或转移主要财产；（3）公司经营期限届满股东会决议修改章程使公司续期。

主体要满足：投反对票的股东，有权要求公司以合理的价格回购股权。

程序上要满足：决议作出之日起 60 天内与公司协商以合理的价格回购，协商不成，决议作出后 90 天内起诉。

⊙ ［主观工坊］

甲公司成立于 2017 年 2 月，张三持有公司 80% 的股权，并担任公司董事长，李四持有公司 7% 的股权。公司章程规定，公司召开股东会，应该提前 7 天以书面形式通知全体股东。为了扩大公司规模，张三认为甲公司应当与乙公司合并，并提议召开股东会，但因准备匆忙，在会议召开前 7 天以电话形式通知李四。甲公司股东会以代表 90% 表决权的股东同意，代表 3% 表决权的股东反对，李四拒绝在决议上签字的情况下，通过了与乙公司合并的决议。李四是否有权要求公司以合理的价格回购其所持有的甲公司的股权？

［答案］无权。根据《公司法》第 74 条，股东要求公司回购的情形严格限定在法定范围内，即只有股东会决议涉及"连续 5 年盈利不分红、合并分立转财产、届满续命改章程"的，对此投反对票的股东才有权利提起回购请求。本案中虽然股东会决议涉及公司合并事宜，但李四对此决议投了弃权票而非反对票，故不符合请求回购的法定情形。

（四）司法强制解散请求权

1. 行使条件：公司陷入管理僵局，强调僵局状态，与公司是否盈利无关。

（1）公司经营管理发生严重困难。

①公司持续 2 年以上无法召开股东会或者股东大会，公司经营管理发生严重困难的；

（连续 2 年不开会）

②股东表决时无法达到法定或者规定的比例，持续 2 年以上不能作出有效的股东会或者股东大会决议，公司经营管理发生严重困难的；（连续 2 年无结果）

③公司董事长期冲突，且无法通过股东会或者股东大会解决，公司经营管理发生严重困难的。（董事"打架"无人执行）

（2）继续存续会使股东利益受到重大损失。

（3）其他途径无法解决。

⊙ ［特别提示］ 股东以知情权、利润分配请求权等权益受到损害（应直接诉讼），或者公司亏损、财产不足以偿还全部债务（提请公司破产），以及公司被吊销企业法人营业执照未进行清算（提请清算）等为由，提起解散公司诉讼的，人民法院不予受理。

2. 诉讼当事人

原告：单独或合计持有公司全部股东表决权 10% 以上的股东。

被告：公司。

其他股东可以作为第三人参加诉讼，不能为共同被告。

3. 调解制度

股东发生重大分歧致使公司陷入僵局状况下，本着维持公司运营的原则，应当注重调解，当事人协商一致以下列方式解决分歧，且不违反法律、行政法规的强制性规定的，人民法院应予支持：

（1）公司回购部分股东股份；

（2）其他股东受让部分股东股份；

（3）他人受让部分股东股份；

（4）公司减资；

（5）公司分立；

（6）其他能够解决分歧，恢复公司正常经营，避免公司解散的方式。

当事人协商同意由公司或者股东收购股份，或者以减资等方式使公司存续，需依法定程序处理。经人民法院调解公司收购原告股份的，公司应当自调解书生效之日起 6 个月内将股份转让或者注销。股份转让或者注销之前，原告不得以公司收购其股份为由对抗公司债权人。

4. 适用限制及后果

（1）不能与清算的申请并用。股东提起解散公司诉讼，同时又申请人民法院对公司进行清算的，人民法院对其提出的清算申请不予受理。

（2）在股东提供担保且不影响公司正常经营的情形下，可以申请财产保全。

（3）一事不再理。人民法院关于解散公司诉讼作出的判决，对公司全体股东具有法律约束力。人民法院判决驳回解散公司诉讼请求后，提起该诉讼的股东或者其他股东又以同一事实和理由提起解散公司诉讼的，人民法院不予受理。

⊙ ［常见设问场景及答题思路］

1. 案例中，股东 A 向法院请求将公司强制解散，法院是否应支持其请求？为什么？

［答题思路］ 公司被司法强制解散的条件：（1）公司陷入管理僵局，与是否盈利无关；（2）其他途径无法解决；（3）股东持股 10% 及以上。如果满足上述条件法院可支持，

否则驳回。

2. 股东 A 解散公司的请求被法院受理了，该股东同时向法院提出对公司清算，针对此清算的申请，法院应如何处理？

[答题思路] 不予受理。股东提起解散公司诉讼，同时又申请人民法院对公司进行清算的，人民法院对其提出的清算申请不予受理。

3. 公司陷入僵局下，如果法院主持调解，股东可否达成某种方式的调解？

[答题思路] 根据《公司法司法解释（五）》，公司僵局下，调解的思路主要有股权转让（对内转给其他股东、对外转给第三人、公司回购）、减资、分立，如果案情中出现这些法定的调解思路可以支持，但无论采用哪种调解思路均需按法定流程处理。

⊙ [主观工坊]

昌顺公司由刘昌、钱顺、潘平、程舵四股东出资组成，其中钱顺持股 28%。公司盈利状况不错，但 2014 年 6 月，就公司关于承租商户的筛选、租金的调整幅度、使用管理等问题的决策，董事长刘昌与总经理钱顺爆发严重冲突。虽经潘平与程舵调和也无济于事。受此影响，公司此后竟未再召开过股东会。好在商户比较稳定，公司营收未出现下滑。

2016 年 5 月，钱顺已厌倦于争斗，要求刘昌或者公司买下自己的股权，自己退出公司，但遭到刘昌的坚决拒绝，其他股东既无购买意愿也无购买能力。钱顺遂起诉公司与刘昌，要求公司回购自己的股权，若公司不回购，则要求刘昌来购买。一个月后，法院判决钱顺败诉。后钱顺再以解散公司为由起诉公司。虽然刘昌以公司一直盈利且运行正常等为理由坚决反对，法院仍于 2017 年 2 月作出解散公司的判决。

请回答：

1. 法院判决不支持"钱顺要求公司与刘昌回购自己股权的诉求"是否合理？为什么？

[答案] 合理。

（1）依《公司法》第 74 条第 1 款，股东回购请求权仅限于该款所列明的三种情形下对股东会决议有异议的股东（即公司连续 5 年盈利不分红决议、公司合并分立或转让主要财产决议、公司存续上的续期决议），钱顺的情形显然不符合该规定。

（2）就针对其他股东的强制性的股权购买请求权，现行《公司法》并无明文规定。即在现行《公司法》上，股东彼此之间并不负有在特定情况下收购对方股权的强制性义务；即使按照《公司法司法解释（二）》第 5 条，法院在审理解散公司的案件时，应尽量调解，并给出由其他股东收购股权的调解备选方案，也不能因此成立其他股东的收购义务。故钱顺对股东刘昌的诉求，也没有实体法依据。

2. 2016 年 6 月后，钱顺以解散公司为由起诉公司，法院作出解散公司的判决是否合理？为什么？

[答案] 判决合理。依《公司法》第 182 条及《公司法司法解释（二）》第 1 条第 1 款，本案符合"公司持续 2 年以上无法召开股东会或者股东大会，公司经营管理发生严重困难的"，昌顺公司自 2014 年 6 月至解散诉讼时，已超过 2 年时间未再召开过股东会，即使公司有盈利，也表明昌顺公司已实质性构成所谓的"公司僵局"，即构成法院判决公司解散的根据。

（五）股东代位诉讼

1. 适用前提

（1）公司被内部的董事、监事、高管等实施的行为侵权并造成损害；

（2）单纯的董事、高管未尽忠诚、勤勉义务，不具备可诉性。公司内部可通过人事任免制度换人来解决。

2. 关联交易

（1）关联交易并不被法律禁止，但正当性的关联交易应该符合诚信透明、程序严谨、对价公允等条件。

（2）实施后的关联交易损害公司利益，需承担赔偿责任：

①董事、高管利用关联交易损害公司利益的，公司可请求其赔偿所造成的损失；

②公司怠于提起诉讼的，符合法定条件的股东可依法提起代位诉讼；

③被告仅以该交易已经履行了信息披露、经股东会或者股东大会同意等法律、行政法规或者公司章程规定的程序为由抗辩的，人民法院不予支持。

（3）尚未实施的关联交易合同效力瑕疵：

如果关联交易合同存在无效、可撤销或对公司不发生效力的情形，公司没有起诉合同相对方的，符合法定条件的股东可依法提起代位诉讼请求撤销该合同或确认该合同无效。

3. 前置流程

（1）书面形式+交叉管辖

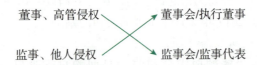

（2）确认公司怠于追究：①明确拒绝；②30 天内不起诉；③客观情况紧急。

⊙ [特别提示] 应股东请求，如果对应机构积极响应，转换为公司为原告的直接诉讼。

（3）例外：如果查明的相关事实表明，根本不存在公司起诉的可能性，比如：董事长、监事会主席都是被告，人民法院不应当以原告未履行前置程序为由驳回起诉。

4. 诉讼当事人

（1）原告：

①原告资格

有限责任公司：股东。

股份公司：连续持股 180 天且持股比例不低于 1%的股东。

②股东提起股东代表诉讼，被告以行为发生时原告尚未成为公司股东为由抗辩该股东不是适格原告的，人民法院不予支持。

（2）被告：侵权人。

（3）公司：第三人。

5. 反诉

（1）对原告反诉，可受理。被告以原告股东恶意起诉侵犯其合法权益为由提起反诉的，人民法院应予受理。

（2）对公司反诉，不受理。被告以公司在案涉纠纷中应当承担侵权或者违约等责任为由对公司提出的反诉，因不符合反诉的要件，人民法院应当裁定不予受理；已经受理的，裁定驳回起诉。

6. 调解

只有在调解协议经公司股东（大）会、董事会决议通过后，人民法院才能出具调解书予以确认。至于具体决议机关，取决于公司章程的规定。公司章程没有规定的，人民法院应当认定公司股东（大）会为决议机关。

7. 诉讼结果

（1）胜诉结果归公司；

（2）股东得到合理费用的补偿。原告诉讼请求部分或者全部得到人民法院支持的，公司应当承担股东因参加诉讼支付的合理费用。

◉ ［常见设问场景及答题思路］

1. 针对案例中所述情形，某某是否有权提起诉讼要求某某（案中侵权人）对公司承担赔偿责任？

［答题思路］ 此类问题考查了代位诉讼的原告资格。

（1）如果是有限责任公司，原告需具备股东资格，何时取得股东资格不影响作原告。如果是代持股协议中的实际投资人等不具有股东资格的主体则不能提起此诉讼；

（2）如果是股份公司，原告需具备持股时间180天以上+持股比例1%以上两个条件，否则不能提起此诉讼。

2. 针对案例中所述情形，股东张三起诉某某（案中侵权人）要求其对自己承担赔偿责任是否应被支持？

［答题思路］ 不能支持。此类问题考查了代位诉讼的结果归属问题。代位诉讼的目的是股东代位公司向侵权人追究赔偿责任，侵权人应对公司承担责任，并非对原告承担此责任。

3. 针对案例中所述情形，股东张三可否直接对某某（案中侵权人）提起代位诉讼？

［答题思路］

思路一：不能。此类问题考查了股东代位诉讼的诉前救济流程。股东在提起诉讼之前应该用尽内部救济，以书面形式，按交叉管辖的原则请求公司对应的机关提起诉讼，确认公司怠于追究的，股东才能以自己的名义提起代位诉讼，不能直接起诉。

思路二：如果案例中出现的情形为公司的董事长、监事会主席同为公司的侵权人，或者其他情形导致公司不可能自行起诉维权的，人民法院不应当以原告未履行前置程序为由驳回起诉。

4. 本案中，被告提出的反诉，法院应如何处理？

［答题思路］

（1）对原告反诉：主张原告恶意起诉侵犯其合法权益，可受理。

（2）对公司反诉：被告以公司在案涉纠纷中应当承担侵权或者违约等责任为由对公司提出的反诉，因不符合反诉的要件，人民法院应当裁定不予受理；已经受理的，裁定驳回起诉。

5. 股东提起的代位诉讼中，原告可否直接代表公司进行调解？

［答题思路］ 不能。调解涉及公司的实体权利义务，应根据章程的规定由公司的董事

会决议或股东（大）会决议通过后，法院才能出具调解书予以确认。

⊙ ［主观工坊］

1. 李桃是某股份公司的发起人之一，持有 14% 的股份。在公司成立后的 2 年多时间里，各董事之间矛盾不断，不仅使公司原定上市计划难以实现，更导致公司经营管理出现严重困难。关于李桃起诉各董事履行对公司的忠实义务和勤勉义务是否应支持？

［答案］不能。根据《公司法》第 151 条的规定，当公司的董事、监事、高级管理人员非法利用职权侵害公司利益且公司怠于追究时，适格股东才可提起代位诉讼，本案的情形并未体现出董事对公司的侵权损害，不符合股东代位诉讼的适用情形，不能适用代位诉讼制度。所以李桃的请求不应被支持。

2. 源圣公司有霓美公司、甲、乙、丙四位股东。霓美公司持股 60%，甲持股 25%，乙持股 8%，丙持股 7%，后因霓美公司抽逃出资，源圣公司现金不足，最终未能获得某环保项目，前期投入的 500 万元也无法收回，就源圣公司前期投入到环保项目 500 万元的损失问题，甲、乙、丙认为应当向霓美公司索赔，多次书面请求监事会无果。请回答：

（1）丙是否有权起诉霓美公司？

［答案］丙有权提起诉讼。根据《公司法》第 151 条的规定，公司的控股股东霓美公司侵害公司利益，公司怠于追究，丙作为有限公司的股东，有权对霓美公司提起代位诉讼。

（2）如果甲起诉霓美公司并胜诉，霓美公司的赔偿款应该归谁？

［答案］霓美公司的赔偿款应支付给源圣公司。根据《公司法》第 151 条和《公司法司法解释（四）》第 25 条，股东代位诉讼中，胜诉利益归属于公司。故本案中股东提起代位诉讼胜诉后，霓美公司应向源圣公司支付赔偿款。

（3）如果甲起诉霓美公司，法院主持双方调解，甲可否直接代表源圣公司参与调解并签署协议？

［答案］不能。调解涉及公司的实体权利义务，应根据公司章程的规定由公司的董事会决议或股东（大）会决议通过后，法院才能出具调解书予以确认。

（4）如果甲起诉霓美公司，霓美公司以源圣公司对其承担违约责任为由提起反诉，法院应如何处理？

［答案］因不符合反诉的要件，人民法院应当裁定不予受理；已经受理的，裁定驳回起诉。

考点 3　公司的担保和投资

（一）公司投资

1. 公司可以向其他企业投资；但是，除法律另有规定外，不得成为对所投资企业的债务承担连带责任的出资人。

2. 公司对外投资，根据章程授权由股东（大）会或董事会决议。

3. 公司章程对投资的总额及单项投资的数额有限额规定的，不超过章程规定的限额。

（二）公司担保

1. 公司对外提供担保，根据章程授权由股东（大）会或董事会决议。

2. 公司对内担保：

（1）由股东（大）会决议，董事会无权决议；

（2）关联股东回避，出席会议的其他股东所持表决权的过半数通过。但证券公司不得为其股东或者股东的关联人提供融资或者担保。

⦿ ［总结］

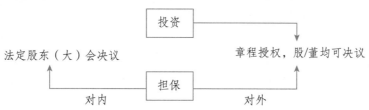

3. 越权担保

（1）越权代表的效力

①法定代表人未经授权擅自以公司的名义为他人提供担保的，构成越权代表。

②订立合同时债权人善意的，合同有效；反之，合同无效。

（2）善意的认定

善意，是指债权人不知道或者不应当知道法定代表人超越权限订立担保合同。

①对外担保，债权人在订立合同时对董事会决议或者股东（大）会决议进行了形式审查，就应当认定其构成善意。但公司能够证明债权人明知公司章程对决议机关有明确规定的除外。

②对内担保，债权人证明其在订立合同时应对股东（大）会决议进行了形式审查，包括回避制度合法适用等。

⦿ ［例］甲公司法定代表人越权代表甲公司对股东张三在银行的 500 万元贷款出具了担保函。

情形 1：银行无法提供甲公司的股东会决议→无法证明善意→担保合同无效。

情形 2：银行提供了甲公司的董事会决议→决议机关错误→无法证明善意→担保合同无效。

情形 3：银行提供了甲公司的股东会决议，但全体股东均签字→不符合回避制度→无法证明善意→担保合同无效。

情形 4：银行提供了甲公司的股东会决议，除张三外其他股东均签字同意→银行因此证明善意→担保合同有效。

情形 5：银行提供了甲公司的股东会决议，除张三外其他股东均签字同意。但其他股东签字是被伪造的→银行完成了形式审查，因此证明善意→担保合同有效。

情形 6：银行提供了甲公司的股东会决议，除张三外其他股东均签字同意。但其他股东签字是被伪造的，银行明知该签字被伪造的事实→银行不能证明善意→担保合同无效。

⦿ ［特别提示］债权人对公司机关决议内容的审查一般限于形式审查，只要求尽到必要的注意义务即可，标准不宜太过严苛。公司以机关决议系法定代表人伪造或者变造、决议程序违法、签章（名）不实、担保金额超过法定限额等事由抗辩债权人非善意的，人民法院一般不予支持。但是，公司有证据证明债权人明知决议系伪造或者变造的除外。

4. 无须机关决议的例外情况

有下列情形之一，公司以其未依照《公司法》关于公司对外担保的规定作出决议为由主张不承担担保责任的，人民法院不予支持：

（1）金融机构开立保函或者担保公司提供担保；

（2）公司为其全资子公司开展经营活动提供担保；

（3）担保合同系由单独或者共同持有公司 2/3 对担保事项有表决权的股东签字同意。

上市公司对外提供担保，不适用前述（2）（3）两项的规定。

5. 越权担保的民事责任

（1）法定代表人越权+相对人善意→担保合同有效→公司承担担保责任；

（2）法定代表人越权+相对人不善意→担保合同无效→公司不承担担保责任，但要依法承担相应的过错责任。

6. 内部权利救济，激活了股东代表诉讼

法定代表人的越权担保行为给公司造成损失，公司请求法定代表人承担赔偿责任的，人民法院依法予以支持。公司没有提起诉讼，股东依据《公司法》第 151 条的规定请求法定代表人承担赔偿责任的，人民法院依法予以支持。

7. 上市公司为他人提供担保

债权人根据上市公司公开披露的关于担保事项已经董事会或者股东大会决议通过的信息订立的担保合同，人民法院应当认定有效。

8. 一人公司为其股东提供担保

（1）一人有限责任公司为其股东提供担保，公司以违反《公司法》关于公司对外担保决议程序的规定为由主张不承担担保责任的，人民法院不予支持。

（2）公司因承担担保责任导致无法清偿其他债务，提供担保时的股东不能证明公司财产独立于自己的财产，其他债权人请求该股东承担连带责任的，人民法院应予支持。

⊙ ［常见设问场景及答题思路］

1. 公司为某某提供的担保合同是否有效？

［答题思路］

（1）如果公司的法定代表人按照《公司法》第 16 条的法定流程代表公司签订担保合同，有效。

（2）如果公司的法定代表人没有按照《公司法》第 16 条的法定流程，擅自代表公司签订担保合同→认定越权行为→对方善意的，此担保合同有效，否则无效。相对方善意的标准是对公司的相应机关决议作出了形式审查［对内担保审查股东（大）会决议，对外担保审查董事会决议或股东（大）会决议］。

2. 公司是否应对债权人承担责任？承担怎样的责任？

［答题思路］

（1）如果担保合同有效，应按担保合同承担责任。

（2）如果担保合同无效，应依法承担过错责任。

⊙ ［主观工坊］

2015 年 1 月，光大银行与智信公司签署《借款合同》，金额 18500 万人民币，用途为借新还旧，借款期限自 2015 年 1 月 1 日至 2015 年 12 月 31 日。创智股份有限责任公司（以下简称创智股份）提供了连带责任保证担保。

智信公司为创智股份的股东，持股比例为 15%。创智股份向光大银行提供保证担保时，一并提交了创智股份的公司章程及董事会决议。公司章程第 15 条第 1 款约定："董事会在股东大会授权的范围内，决定公司的风险投资，资产抵押及其他担保事项。"光大银行据此接受了创智股份的担保合同。

后查实，创智股份向光大银行出具的董事会决议系公司的董事长（法定代表人）伪造。

现智信公司无力偿还贷款，光大银行要求创智股份承担连带偿付责任，创智股份以担保合同并未经公司决议，董事会决议系伪造，所以担保合同无效为由，拒绝承担责任。请回答：

1. 创智股份以董事会决议系伪造来抗辩，主张债权人非善意，担保合同无效是否应支持？

[答案] 不支持。债权人对公司机关决议内容的审查一般限于形式审查，只要求尽到必要的注意义务即可。公司以董事会决议被董事长伪造抗辩债权人非善意不应被支持。

2. 该担保合同是否有效？

[答案] 无效。根据《公司法》第 16 条，公司为公司股东或者实际控制人提供担保的，必须经股东会或者股东大会决议。公司章程对此有不同的约定也应认定为无效。本案中创智股份董事长（法定代表人）实施了越权代表，代表公司实施了对其股东智信公司的担保行为，债权人应以对股东大会决议作出了合法性审查来主张其为善意，但其只审查了董事会决议，故债权人无法就此主张对善意相对人的保护，越权担保的合同无效。

第四节 公司的变更

考点 1 公司的变更

公司的变更，是指公司设立登记事项中某一项或某几项的改变。包括公司名称、住所、法定代表人、注册资本、公司组织形式等的变更。

公司变更设立登记事项，应当向原公司登记机关申请变更登记。

变更住所跨公司登记机关辖区的，应当在迁入新住所前向迁入地公司登记机关申请变更登记；迁入地公司登记机关受理的，由原公司登记机关将公司登记档案移送迁入地公司登记机关。

未经核准变更登记，公司不得擅自改变登记事项。

1. 公司注册资本变更（详见下文增减资内容）。

2. 公司类型的变更。

（1）变更公司类型，须经股东（大）会代表 2/3 以上表决权的股东同意；

（2）应当按照拟变更的公司类型的设立条件，在规定的期限内向公司登记机关申请变更登记，并提交有关文件；

（3）有限公司变更为股份公司时，折合的实收股本总额不得高于公司净资产额。

3. 公司章程的变更（详见前文公司章程内容）。

4. 公司合并、分立。

◎ [例] 2017 年 7 月 10 日，经福匠科技有限公司全体股东召开会议审议通过整体变更设立的相关议案。全体股东以福匠科技截至 2017 年 3 月 31 日经审计的账面净资产 137853

442.57 元为依据，折为股本 137778 000 股，每股面额人民币 1 元，注册资本为人民币 137778 000 元，其余 75442.57 元计入资本公积金。福匠科技名称变更为"富士康工业互联网股份有限公司"。

考点 2　公司的合并和分立

对比项目	合并	分立
种类	吸收合并（A+B＝A，例：顺丰＋鼎泰新材＝鼎泰新材，实现借壳上市）。 新设合并（A+B＝C，例：优酷＋土豆＝优酷土豆）	存续分立（A＝A+B）。 新设分立（A＝B+C）
程序	股东（大）会作出决议（有限公司经代表 2/3 以上表决权的股东通过，股份公司经出席会议的股东所持表决权的 2/3 以上通过）→签订协议→编制资产负债表和财产清单→10 日内通知债权人，30 日内报纸公告（内嵌的清算程序）	
后果——债权债务承担	合并各方的债权、债务，由合并后存续的公司或者新设的公司承继	公司分立前的债务由分立后的公司承担连带责任。但是，公司在分立前与债权人就债务清偿达成的书面协议另有约定的除外
	[特别提示] 因为合并、分立时对债权进行了安排，所以因合并、分立而注销公司时，无需单独清算，可直接注销登记	
债权人救济	1. 清偿债务。 2. 提供相应担保。 债权人自接到通知书之日起 30 日内，未接到通知书的自第一次公告之日起 45 日内主张。 [特别提示] （1）此处的救济只有这两项措施，债权人无权拒绝合并，或对合并提异议。 （2）未到期的债权人也可主张救济	没有额外的救济措施
后果	分别会产生"新设登记""变更登记""注销登记"等后果	

◉ [常见设问场景及答题思路]

1. 根据案情，针对合并、分立的流程设置简答类问题。

[答题思路]

（1）合并

①股东会议代表 2/3 以上表决权的股东同意→②签订合并协议→③编制资产负债表和财产清单→④10 日内通知债权人、30 日内报纸上公告→⑤债权人自接到通知后 30 日内，未接到通知的首次公告后 45 日内主张清偿债务或提供担保→⑥变更公司的文件及资料→⑦登记。

（2）分立

①股东会议代表 2/3 以上表决权的股东同意→②签订分立协议→③编制资产负债表和财产清单→④10 日内通知债权人、30 日内报纸上公告→⑤变更公司的文件及资料→⑥登记。

2. 甲公司股东会决议与乙公司合并事宜，代表 51% 表决权的股东同意作了决议，该决议效力如何？

[答题思路] 不成立。根据《公司法司法解释（四）》第 5 条，会议的表决结果未达到《公司法》规定的通过比例的，决议不成立。本案中，甲公司股东会决议合并事宜，依法应经全体股东所持表决权的 2/3 以上同意作出决议，但甲公司的股东会决议只有代表 51% 表决权的股东同意，故该决议不成立。

3. 甲公司股东会作出与乙公司合并的决议，股东张三明确反对此决议，张三如何救济？

[答题思路]

（1）张三可以将股权对内转给其他股东退出公司；

（2）张三可以经其他股东过半数同意，将股权对外转给第三人退出公司；

（3）张三可以要求公司以合理的价格回购其所持有的本公司股权，协商不成的，可以起诉。

⊙ [主观工坊]

张某、李某为甲公司的股东，分别持股 65% 与 35%，张某为公司董事长。为谋求更大的市场空间，张某提出吸收合并乙公司的发展战略。请回答：

1. 甲公司的内部合并决议是否必须取得李某的同意？

[答案] 是。根据《公司法》第 43 条的规定，公司作出合并决议，需股东会代表 2/3 以上表决权的股东同意。本案中张某持股 65%，不足 2/3 的法定要求，所以在公司内部此合并决议的作出必须要李某的同意。

2. 合并乙公司后，原乙公司的债权人如何实现债权？

[答案] 原乙公司的债权人可向合并后的甲公司主张债权。根据《公司法》第 174 条的规定，公司合并时，合并各方的债权、债务，应当由合并后存续的公司或者新设的公司承继。所以合并后的甲公司，应对原乙公司的债权人负责。

考点 3　有限责任公司的股权流动

（一）内部转让

有限责任公司的股东之间可以相互转让其全部或者部分股权。

1. 禁止强买：股东之间转让股权无需其他股东同意，不保护其他股东提出的优先购买权。

2. 禁止强卖：股东不可强求其他股东收购其股权。

（二）对外转让

1. 保护人合性的流程要求：

（1）书面或其他得以收悉的合理方式通知；

（2）其他股东过半数人头同意。

2. 为了保护股东的退出机制，设置推定同意制度。

（1）其他股东自接到通知之日起满 30 日未答复的，视为同意转让；

（2）其他股东半数以上不同意转让的，不同意的股东应当购买该转让的股权；不购买的，视为同意转让。

3. 公司章程对股权转让另有规定的，从其规定。

公司章程可约定比法律或严或松的要求，但不可实质禁止。比如约定为股权对外转让需经其他股东一致同意，"人走股留"，担任董事的股东任职期间转让股权不超过 50%等均为有效约定。

4. 公司应当注销原股东的出资证明书，向新股东签发出资证明书，并相应修改公司章程和股东名册中有关股东及其出资额的记载。<u>对公司章程的该项修改不需再由股东会表决。</u>

5. 其他股东的优先购买权：

（1）其他股东的知情权

转让股东以书面或其他能够收悉的合理方式<u>通知</u>转让股权的同等条件，如果此条件发生变化，应实时向其他股东同步更新。

（2）同等条件：以转让股东与第三人之间的交易条件为参照，可以是订立合同之前，也可以是订立合同时的价格。且"同等条件"并非一成不变，当转让股东与第三人的交易条件发生变化时，应当通知其他股东，允许其根据新的交易条件行使优先购买权。

◉ ［特别提示］若转让股权的比例是确定、可量化的，原则上其他股东行使优先购买权时应当购买全部转让股权，部分行使视为未达到"同等条件"，但公司章程另有规定的除外。

（3）行使期限

有限责任公司的股东主张优先购买转让股权的，应当在收到通知后，在公司章程规定的行使期间内提出购买请求。公司章程没有规定行使期间或者规定不明确的，以通知确定的期间为准，通知确定的期间短于 30 日或者未明确行使期间的，行使期间为30 日。

（4）多股东主张优先购买权时各自购买比例：协商→转让时各自的出资比例。

（5）后悔权

①原则可后悔

有限责任公司的转让股东，在其他股东主张优先购买后又不同意转让股权的，对其他股东优先购买的主张，人民法院不予支持。

②后悔权的例外

第一，公司章程另有规定或者全体股东另有约定的，法院可支持其他股东的优先购买权。

第二，转让股东滥用后悔权，法院可支持其他股东的优先购买权。

（6）损害救济

转让股东未就其股权转让事项征求其他股东意见，或者以<u>欺诈、恶意串通等手段</u>，损害其他股东优先购买权，擅自将股权转让给第三人。

◉ ［特别提示］在审判实务中，主要通过双方当事人的实际履行情况，特别是价款支付情况来认定转让股东与第三人是否构成"恶意串通"，最为典型的是"阴阳合同"。

①其他股东的救济

第一，其他股东在法定期限内+同等条件下主张优先购买权→可支持。

其他股东得以主张按照同等条件购买该转让股权。但其他股东自知道或者应当知道行使优先购买权的同等条件之日起 30 日内没有主张，或者自股权变更登记之日起超过 1 年的除外。

第二，其他股东可买而不买，单独主张确认合同及股权变动无效→不支持。

其他股东仅提出确认股权转让合同及股权变动效力等请求，未同时主张按照同等条件购买转让股权的，人民法院不予支持。

第三，其他股东非因自身原因导致无法行使优先购买权，请求损害赔偿→可支持。

②原股权受让人

第一，原转让合同原则有效。

为保护股东以外的股权受让人的合法权益，股权转让合同如无其他影响合同效力的事由，应当认定有效。

第二，其他股东行使优先购买权的，原受让人不可要求继续履行股权转让合同，但可依约请求转让股东承担相应的违约责任。

（三）股权被强制执行

1. 债权人申请法院对股东的股权强制执行。

2. 人民法院依照法律规定的强制执行程序转让股东的股权时，应当通知公司及全体股东，但无需其他股东同意。

3. 其他股东在同等条件下有优先购买权。其他股东自人民法院通知之日起满 20 日不行使优先购买权的，视为放弃优先购买权。

4. 股权因强制执行导致转让后，公司应当注销原股东的出资证明书，向新股东签发出资证明书，并相应修改公司章程和股东名册中有关股东及其出资额的记载。对公司章程的该项修改不需再由股东会表决。

（四）有限公司股权继承

1. 有约定按约定，无约定无障碍

自然人股东死亡后，其合法继承人可以继承股东资格；但是，公司章程另有规定的除外。

（1）如果公司章程没有相反规定，则当自然人股东死亡时，其合法继承人愿意取得股东资格的，其他股东应当允许。

（2）如果继承人不愿意取得股东资格，则应通过协商或者评估确定该股东的股权价格，由其他股东受让该股权或由公司收购该股权，继承人取得股权转让款。

（3）如果该股东有数个继承人，且都愿意继承股东资格，则由该数个继承人通过协商确定各自继承股权的份额。

（4）如果章程有约定，自然人股东死亡后股权不得继承，或继承需满足某些条件或受到某些限制，均为有效约定。

2. 股权继承时其他股东的优先购买权

（1）有限责任公司的自然人股东因继承发生变化时，不支持其他股东的优先购买权。

（2）公司章程另有规定或者全体股东另有约定的除外。

⊙ [常见设问场景及答题思路]

1. 有限责任公司股东对外转让股权的流程是否合法？

[答题思路]

（1）章程有有效约定的，按约定流程转让股权；

（2）章程无特别约定的，转让股东应书面或以其他能够收悉的合理方式通知其他股东并得到其过半数人头同意（注意推定同意制度：30日不答复或半数以上不同意转让亦不同意购买的），在同等条件下保护其他股东的优先购买权。

2. 公司章程中有关股权转让的约定是否有效？

[答题思路] 一般没有实质禁止股权转让的约定为有效约定，比如约定为股权对外转让需其他股东一致同意，"人走股留"，担任董事的股东任职期间转让股权不超过50%等均为有效约定。

但是，如果章程约定为禁止转让股权则剥夺了股东的固有权利，因违反了法律的强制性规定而无效。

3. 股东甲将其在公司的股权对外转让，其他股东提出的优先购买权是否应支持？

[答题思路]

（1）其他股东的优先购买权行使需满足两个条件：一是同等条件，二是法定期限内提出。如果满足此条件应该支持，否则不支持。

（2）当转让股东表示不同意转让股权的，其他股东的优先购买权原则不支持。除非全体股东另有约定或转让股东有反复滥用此权利的情形。

4. 股东甲在侵犯其他股东优先购买权的情形下擅自进行了股权对外转让，其他股东如何救济？

[答题思路]

（1）在法定期限内可以主张同等条件下优先购买该股权；

（2）如果非因自身原因导致无法行使优先购买权的，可以主张合理损失的赔偿；

（3）如果不主张优先购买权而仅提出确认股权转让合同及股权变动无效等请求，不予支持。

5. 股东甲在侵犯其他股东优先购买权的情形下擅自进行了股权对外转让，该转让合同是否有效？

[答题思路] 股权转让合同如无其他影响合同效力的事由，应当认定有效。

6. 股东甲死亡，章程或全体股东无特殊约定，继承人欲继承股权，其他股东是否有权主张优先购买？

[答题思路] 无权。如果公司章程或全体股东无特殊约定，自然人股东死亡后，股权可以继承，其他股东的优先购买权不能支持。

⊙ [主观工坊]

1. 大华公司成立于1990年4月5日。2004年5月，大华公司由国有企业改制为有限责任公司，宋文军系大华公司员工，出资2万元成为大华公司的自然人股东。大华公司章程规定"公司股权不向公司以外的任何团体和个人出售、转让。公司改制1年后，经董事会批准后可在公司内部赠予、转让和继承。持股人死亡或退休经董事会批准后方可继承、转让或由企业收购，持股人若辞职、调离或被辞退、解除劳动合同的，人走股留，所持股份由企业收购……"该公司章程经大华公司全体股东签名通过。

2006 年 6 月 3 日，宋文军向公司提出解除劳动合同，并申请退出其所持有的公司的 2 万元股份。2006 年 8 月 28 日，经大华公司法定代表人赵来锁同意，宋文军领到退出股金款 2 万元整。

2007 年 1 月 8 日，大华公司召开 2006 年度股东会，应到股东 107 人，实到股东 104 人，代表股权占公司股份总数的 93%，会议审议通过了宋文军、王培青、杭春国三位股东退股的申请并决议"其股金暂由公司收购保管，不得参与红利分配"。后宋文军以大华公司的回购行为违反法律规定为由，请求依法确认其具有大华公司的股东资格。① 请回答：

（1）大华公司的章程是否有效？

[答案] 有效。首先，大华公司章程规定的"人走股留"的条款，符合有限责任公司封闭性和人合性的特点，亦系公司自治原则的体现，不违反《公司法》的禁止性规定。其次，宋文军等全体员工在公司章程上签名的行为，应视为其对前述规定的认可和同意。第三，"人走股留"的条款，属于对股东转让股权的限制性规定而非禁止性规定，根据《公司法》第 71 条第 4 款的规定，此约定为有效内容。

（2）宋文军的请求是否支持？

[答案] 不能支持。国有企业改制为有限责任公司，公司章程约定了"人走股留"条款，应认定为有效。大华公司按照章程约定，支付合理对价回购宋文军的股权，且通过转让给其他股东等方式进行合理的处置是合法的。所以宋文军要求确认其仍具有股东资格不能支持。

2. 兴安公司由张三、李四出资设立，张三出资 90%，担任公司的董事长。公司章程规定：股东对外转让股权，需其他股东一致同意。2019 年 1 月，兴安公司的市场估值为 2000 万元，张三准备将其股权转让给王五，就此事通知李四后，李四表示不同意。张三欲尽快套现，遂咨询律师，实施了分批转让的策略，即张三以 200 万元现金一次性付清的条件转让 1% 的股权给王五，并就此通知了李四。李四鉴于价格过高表示放弃优先购买权，张三随即与王五办理了股权转让手续并办理了变更登记。随后，张三以每百分之一股权 20 万元的价格将剩余的股权悉数转让给王五，李四得知后恍然大悟，如梦初醒，高呼反对。请回答：

（1）公司章程有关股权转让的规定是否有效？

[答案] 有效。根据《公司法》第 71 条第 4 款，公司章程对股权转让另有规定的，从其规定。本案中章程的规定没有禁止股东的股权转让，没有违反法理或公司法强制性规定，是有效的。

（2）李四可否主张优先购买权？

[答案] 可以。根据《公司法司法解释（四）》第 21 条的规定，有限责任公司的股东向股东以外的人转让股权，未就其股权转让事项征求其他股东意见，或者以欺诈、恶意串通等手段，损害其他股东优先购买权，其他股东主张按照同等条件购买该转让股权的，人民法院应当予以支持。本案中，张三违反诚实信用原则，恶意分阶段披露股权转让的同等条件，其他股东无法预知股权转让各阶段的全貌，从而侵犯了其他股东的优先购买权。故就张三第一次转让给王五的 1% 股权，李四可依法主张优先购买权。李四的主张获得支持后，张三对王五的第二次转让属于对外转让，李四作为其他股东有权依法主张优先购买权。

---

① 案例来源：2018 年 6 月 20 日公布，最高人民法院第 96 号指导案例。

3. 2015 年 4 月，木豆公司与大林、刘可、郝郝、季季设立遥远公司，签订了《投资人协议》，签署了《遥远公司章程》，规定遥远公司的注册资本是 5000 万元。大林与刘可系情侣关系。

2017 年 3 月，大林与刘可关系破裂。在刘可的操作下，遥远公司会计麦子与木豆公司签订了《股权转让协议》，将木豆公司对遥远公司的股权转让给麦子，该《股权转让协议》上加盖有木豆公司公章，法定代表人签字一栏的大林的签字则是刘可伪造的。遥远公司持该《股权转让协议》到公司登记机关办理了股权变更登记，麦子未实际向木豆公司支付股权转让款。

2017 年 4 月，麦子与七彩钢铁公司签订《股权转让协议》，麦子将其名下的遥远公司股权转让给七彩钢铁公司，七彩钢铁公司向麦子支付全部股权转让款 3000 万元，遥远公司为七彩钢铁公司办理了股权过户变更登记。

（1）木豆公司与麦子签订了《股权转让协议》，并将股权过户到麦子名下，据此是否可以认定麦子已取得遥远公司的股权？为什么？

[答案] 不能。根据案情，木豆公司的股权被转让给麦子，并非基于木豆公司真实的意思表示，系经刘可的恶意操纵，伪造法定代表人签名而签署的股权转让协议，麦子作为遥远公司财务人员应认定为知情，且并未支付转让款，所以此股权转让无效，虽然遥远公司办理了股权变更登记，也不能认定麦子取得股权。

（2）根据题中所述事实，是否可以认定七彩钢铁公司已取得遥远公司股权？为什么？

[答案] 可以。麦子虽并未取得遥远公司的股权，将之转让给七彩钢铁公司系无权处分，但基于商事外观主义原则及《民法典》第 311 条规定的善意取得制度，七彩钢铁公司基于对商事登记的信任，认定为善意相对人，支付了合理的对价，并办理了股权变更手续，故七彩钢铁公司善意取得了该笔股权。

考点 4　股份公司股份流动

（一）股东自由转让

股东内部、外部转让均自由，无需通知其他股东，不用征得其他股东同意也不保护其他股东的优先购买权。

（二）特定人员的转让限制

1. 发起人在公司成立或上市起 1 年内禁止转让其所持有的公司股份。

2. 董事、监事、高管限制

（1）法定限制

①持股披露义务。公司的董事、监事、高级管理人员应当向公司申报所持有的本公司的股份及其变动情况。

②任职期间按比例转让。公司的董事、监事、高级管理人员在任职期间每年转让的股份不得超过其所持有本公司股份总数的 25%。

③公司上市的，上市起 1 年内禁止转让。公司的董事、监事、高级管理人员所持本公司股份自公司股票上市交易之日起 1 年内不得转让。

④离职日起半年内禁止转让。公司的董事、监事、高级管理人员离职后半年内，不得转让其所持有的本公司股份。

（2）章程约定

公司章程可以对公司董事、监事、高级管理人员转让其所持有的本公司股份作出其他限制性规定。

⊙ [特别提示]

1. 公司章程只允许比法律规定得更严格，不能宽于法律的限制性规定。

2. 公司章程不可以约定为禁止转让股份。

（三）股份公司回购股份

股份回购，是指公司收购本公司已发行的股份，是国际通行的公司实施并购重组、优化治理结构、稳定股价的必要手段，也是资本市场的一项基础性制度安排。为了防止股份回购对公司债权人造成不必要的损害，公司法规定只有在如下法定情形，才能回购股份，并按规定做相应的处理。

允许回购的法定情形	决议	回购股份的处理	上市公司特殊要求
1. 减少公司注册资本	股东大会决议，必须经出席会议的股东所持表决权的2/3以上通过	收购之日起10日内注销	信息披露
2. 与持有本公司股份的其他公司合并		6个月内转让或者注销	
3. 股东因对股东大会作出的公司合并、分立决议持异议，要求公司收购其股份	/		
4. 将股份用于员工持股计划或者股权激励	依照公司章程的规定或者股东大会的授权，经2/3以上董事出席的董事会会议决议	公司合计持有的本公司股份数不得超过本公司已发行股份总额的10%，并应当在3年内转让或者注销	（1）信息披露；（2）通过公开的集中交易方式进行
5. 将股份用于转换上市公司发行的可转换为股票的公司债券			
6. 上市公司为维护公司价值及股东权益所必需			

⊙ [特别提示] 上述因股份回购的法定情形而暂时由公司持有股份的，不得参与公司的分红和表决。

（四）公司不得接受本公司的股票作为质押权的标的

⊙ [常见设问场景及答题思路]

1. 股份公司股东对外转让股份，其他股东提出优先购买是否能支持？

[答题思路] 不支持。股份公司更强调资合属性，股东有权自由转让股份，无论对内还是对外转让，均不支持其他股东的优先购买权。

2. 股份公司某股东（同时为公司的发起人/董事、监事、高管）转让其股份的做法是否合法？

[答题思路] 根据转让人的身份作判断：发起人→公司成立或上市起1年内不得转让；董、监、高→法定限制+章程限制。

3. 股份公司因某种原因要回购股份，是否有权回购？应如何操作？

[答题思路] 根据《公司法》第142条的规定，公司只有在六种法定情形中有权回购

股份，并且每一种回购情形都有对应的流程和回购后对股份的处理要求，结合案情做出相应的判断。

⊙ ［主观工坊］

1. 唐宁是沃运股份有限公司的发起人和董事之一，持有公司15%的股份。因公司未能上市，唐宁对沃运公司的发展前景担忧，欲将所持股份转让。请回答：

（1）唐宁未经其他股东同意，对外转让其股份，唐宁的做法是否合法？

［答案］合法。根据《公司法》第137条的规定，股东持有的股份可以依法转让。唐宁作为股份公司的股东，有权自由转让股份，无需其他股东同意。所以唐宁的做法是合法的。

（2）唐宁出让其股份，其他发起人主张优先购买权，是否应支持？

［答案］不支持。股份公司更强调资合属性，股东有权对内或对外自由转让股份，无需其他股东同意，也不支持其他股东的优先购买权。

（3）若公司章程禁止发起人出让其股份，唐宁是否有权转让其股份？

［答案］有权转让。股东依法转让股份是法定权利，公司章程做出禁止转让的规定，因违法而无效。故唐宁仍有权转让其股份。

2. 喜多股份公司（深交所上市公司，以下简称喜多公司）近期因为几个大的合作项目未能按计划进行，资本市场普遍丧失信心而做空，股价一路走低。公司价值和股东权益都受到不同程度的影响。但公司的经营处于良性发展状态，为了恢复市场信心，维护公司的价值和股东权益，公司决定回购股份。请回答：

（1）喜多公司是否有权用公司资产回购股票？

［答案］有权。根据《公司法》第142条的规定，上市公司为维护公司价值及股东权益所必需，有权回购股份。本案中公司整体经营良好，因一时的困难导致股价走低，公司为了维护公司价值及股东权益之必需而回购股票是合法的。

（2）喜多公司回购股票应满足哪些法定要求？

［答案］根据《公司法》第142条的规定，上市公司为维护公司价值及股东权益所必需而回购股票，需满足如下要求：

第一，流程上，经过股东大会决议，或者依照公司章程的规定或者股东大会的授权，经2/3以上董事出席的董事会会议决议。

第二，数量上，回购的公司股份总数不能超过本公司已发行股份总额的10%，并应当在3年内转让或者注销。

第三，应当依法履行信息披露义务，并通过公开的集中交易方式进行。

考点5 公司的增资、减资

（一）公司的增资

1. 增资的流程

（1）股东（大）会议经代表2/3以上表决权的股东同意作出有效决议；

（2）新股发行及认购；

（3）变更公司章程及相关文件资料；

（4）变更登记、换发营业执照

⊙ ［特别提示］增资于登记时生效。

2. 有限公司增资时新股认购

（1）公司增发新股，原股东基于人合性，有优先认购权；

（2）优先认购比例：

①股东有权优先按照实缴的出资比例认缴出资

第一，在实缴出资比例的范围内，支持股东提出的优先认购权；

第二，部分股东放弃优先认购权的，释放出份额，其他股东无权再次主张优先认购。即股东对超出自身比例的范围要求优先认购的，不能支持。

②不同比增资（定向增资）的其他方案需全体股东一致同意。

按实缴出资比例等比例增持，原股东在公司的实际权利不会因增资而变弱，股权没有因增资而被稀释，故为法律保护的基础权利。如果不按原比例增持，采用了其他认购方案，各股东的持股比例会发生变化，影响了公司的股权架构，涉及每一个股东的切身利益，故需要全体股东一致同意，非经全体股东一致同意作出的股东会决议，因表决结果未达到法定比例而不成立。

（3）原股东认购或外部第三人认购，均不要求实缴股款，可由认股人与公司约定缴纳节奏或期限。

3. 股份公司增资时新股发行

股份有限公司为增加注册资本发行新股时，可由原股东或外部认股人认购新股，均实行"认缴资本制"，认股人可与公司约定股款的缴纳期限。

（二）公司的减资

1. 股东（大）会，经代表 2/3 以上表决权的股东同意作出有效决议；

⊙ ［特别提示］此决议仅涉及公司注册资本的减少，不包括减资后股权在股东之间的分配。不同比减资（定向减资）需全体股东一致同意。

2. 编制资产负债表和财产清单；

3. 10 日内通知债权人，30 日内在报纸上公告；

4. 处理债权债务：债权人自接到通知书之日起 30 日内，未接到通知书的自公告之日起 45 日内，有权要求公司清偿债务或者提供相应的担保；

5. 修改公司章程及相关文件资料；

6. 向市场监督管理部门做变更登记。

⊙ ［特别提示］减资于登记时生效。

⊙ ［常见设问场景及答题思路］

根据案情考查增资或减资的流程，实质为简答类题目。

1. 增资

（1）股东（大）会代表 2/3 以上表决权的股东同意作出决议→（2）新股认购（有限公司原股东有优先认购权）→（3）变更公司章程及相关文件资料→（4）变更登记、换发营业执照。

2. 减资

（1）股东（大）会代表 2/3 以上表决权的股东同意作出决议→（2）编制资产负债表和财产清单→（3）10 日内通知债权人、30 日内报纸上公告→（4）债权人自接到通知后 30 日内，未接到通知的 45 日内主张清偿债务或提供担保→（5）变更公司的章程、文件及资料→（6）变更登记、换发营业执照。

3. 甲公司增资扩股，原股东 A 是否享有优先认购权？如果享有，认购比例如何？

[答题思路] 原股东有优先认购权，按照《公司法》第 34 条的规定，结合案情，如果全体股东有约定比例按约定比例认购，没有约定比例按实缴出资比例认购。

4. 甲公司增资扩股，达成了股东会决议，张三主张按实缴出资比例优先认购，且对其他股东放弃的优先认购份额，也主张优先认购权，可否支持？

[答题思路]

（1）张三主张按实缴出资比例优先认购可支持。根据《公司法》第 34 条的规定，公司新增资本时，股东有权优先按照实缴的出资比例认缴出资。

（2）其他股东放弃的份额，张三再主张优先认购不支持。全体股东无特别约定的情形下，公司法只是赋予了原股东按照实缴出资比例认购新股的权利，为了防止违背股东意愿的股权过度集中，对于其他股东放弃认购的份额，张三再主张优先认购权于法无据。

⊙ [主观工坊]

1. 甲有限公司成立于 2016 年 3 月，股东分别为 A、B、C、D 四家公司，持股比例依次为 51%、37%、8% 与 4%，公司注册资本 8000 万元，各股东均已实缴出资。

2018 年 6 月，甲公司拟决定增资 2000 万元，全部由投资者乙公司认购。在股东会上，C 公司虽表示同意公司增资，但主张：第一，要求按照自己的实缴出资比例行使优先认购权；第二，对其他三个股东所放弃的优先认购部分，也行使优先认购权。C 公司的主张遭到其他股东的一致反对，此事遂搁浅。① 请回答：

（1）C 公司的第一个主张能否成立？

[答案] 能。根据《公司法》第 34 条规定："公司新增资本时，股东有权优先按照实缴的出资比例认缴出资。但是，全体股东约定不按照出资比例优先认缴出资的除外。"本案中，全体股东没有特别约定，故 C 公司有权按照自己的实缴出资比例行使优先认购权。

（2）C 公司的第二个主张能否成立？

[答案] 不能。根据《公司法》第 34 条规定："公司新增资本时，股东有权优先按照实缴的出资比例认缴出资。但是，全体股东约定不按照出资比例优先认缴出资的除外。"对增发的新股，全体股东无特别约定的情形下，原股东只能按实缴出资比例行使优先认购权，对于其他股东放弃优先认购的部分，法律并未明确规定其再一次享有优先认购权。因此，C 公司主张对其他三个股东所放弃的优先认购部分行使优先认购权，于法无据。

2. 湘星公司成立于 2012 年，甲、乙、丙三人是其股东，出资比例为 7∶2∶1，公司经营状况良好。2017 年初，为拓展业务，甲提议公司注册资本增资 1000 万元。如果甲、乙、丙欲购买新增股本，是否需要按原出资比例缴足增资？

[答案] 不需要。（1）关于新股的认购比例，根据《公司法》第 34 条的规定，公司增资时原股东有权按照约定或实缴出资比例认购新股，与原认缴出资比例无关，所以不必按原认缴出资比例认购新股；（2）关于缴足出资。根据《公司法》第 178 条的规定，股东认缴新增资本的出资，依照《公司法》设立有限责任公司缴纳出资的有关规定执行。即适用认缴资本制，无需一次性缴足。

---

① 案情根据 2019 年法律职业资格考试主观题改编。

考点6 关于"对赌协议"的效力及履行

（一）对赌协议的概念及种类

1. 对赌协议的概念

实践中俗称的"对赌协议"，又称估值调整协议，是指投资方与融资方在达成股权性融资协议时，为解决交易双方对目标公司未来发展的不确定性、信息不对称以及代理成本而设计的包含了股权回购、金钱补偿等对未来目标公司的估值进行调整的协议。

2. 种类

从订立"对赌协议"的主体来看，对赌协议主要分为：

（1）投资方与"人"赌：即投资方与目标公司的股东或者实际控制人等"对赌"；

（2）投资方与目标公司"对赌"；

（3）投资方与目标公司的股东①+目标公司"对赌"。

（二）"对赌协议"的效力及履行

人民法院在审理"对赌协议"纠纷案件时，不仅应当适用《民法典·合同编》的相关规定，还应当适用《公司法》的相关规定；既要坚持鼓励投资方对实体企业特别是科技创新企业投资的原则，从而在一定程度上缓解企业融资难的问题，又要贯彻资本维持原则和保护债权人合法权益原则，依法平衡投资方、公司债权人、公司之间的利益。

1. 投资方与"人"赌，协议有效且可履行。

对于投资方与目标公司的股东或者实际控制人等订立的"对赌协议"，如无其他无效事由，认定有效并支持实际履行。

2. 投资方与目标公司赌——协议原则有效，需满足法定条件才可履行。

（1）对赌协议原则有效

投资方与目标公司订立的"对赌协议"在不存在法定无效事由的情况下，目标公司仅以存在股权回购或者金钱补偿约定为由，主张"对赌协议"无效的，人民法院不予支持。

（2）对赌协议的履行

赌约①：如目标公司未达标，投资人请求目标公司回购股权。人民法院应当依据《公司法》第35条关于"股东不得抽逃出资"或者第142条关于股份回购的强制性规定进行审查。经审查，目标公司未完成减资程序的，人民法院应当驳回其诉讼请求。

赌约②：如目标公司未达标，投资人请求目标公司承担金钱补偿义务的，人民法院应当依据《公司法》第35条关于"股东不得抽逃出资"和第166条关于利润分配的强制性规定进行审查。经审查，目标公司没有利润或者虽有利润但不足以补偿投资方的，人民法院应当驳回或者部分支持其诉讼请求。今后目标公司有利润时，投资方还可以依据该事实另行提起诉讼。

⊙ ［总结］

协议分类	协议效力	是否可履行
与人赌	有效	可履行

---

① 此处的股东应做更广义的扩展，也包括实际控制人甚至大股东、实际控制人的亲属、关联人等。

续表

协议分类	协议效力	是否可履行
与公司赌	有效	赌约1：股权回购的履行条件→股东不得抽逃出资+不违反股份公司回购法定情形+公司完成减资程序； 赌约2：金钱补偿义务的履行条件→股东不得抽逃出资+公司有足够的利润可分配

⊙ ［常见设问场景及答题思路］

1. 案情所述的对赌协议是否有效？

［答题思路］有效。对赌协议是帮助投资人在投资之前防范风险，在投资之后化解风险的契约性保护手段，也是鼓励与约束原股东和目标公司履约践诺的利益激励与责任约束机制，符合平等自愿、权义对等、公平合理、诚实信用的契约精神，并无违反法律的强制性规定，应认定为合法有效。

2. 相关权利人是否可以要求按对赌协议履行或者要求对方当事人按协议承担责任？

（1）投资方与“人”赌，协议可履行，相关当事人应按协议承担责任；

（2）投资方与“目标公司”赌：

赌约①：回购股权。需满足法定条件：股东不得抽逃出资+股份公司股份回购的强制性规定+完成减资。

赌约②：金钱补偿义务。需满足法定条件：股东不得抽逃出资+符合利润分配的强制性规定

⊙ ［主观工坊］

纪某与茂钰公司、卓某签署《投资合作协议》，约定2012年12月31日前，纪某完成2250万元的出资义务，获得茂钰公司25%的股份，其中360万元注入注册资本，1890万元注入资本公积金。同时，茂钰公司及卓某应按期成立万业基公司、金品公司、加工公司和销售公司。否则茂钰公司及卓某应等额返还纪某的投资款项。后茂钰公司及卓某未能按合同约定成立相关公司，纪某向法院起诉要求茂钰公司及卓某按协议返还其投资款项。[①] 请回答：

1. 纪某与茂钰公司、卓某签署的《投资合作协议》是否有效？

［答案］有效。《投资合作协议》中设置的回购性条款是帮助投资人在投资之前防范风险，在投资之后化解风险的契约性保护手段，也是鼓励与约束原股东和目标公司履约践诺的利益激励与责任约束机制，符合平等自愿、权义对等、公平合理、诚实信用的契约精神，并无违反法律的强制性规定，应认定为合法有效。

2. 纪某的主张是否应得到支持？

［答案］

（1）纪某主张卓某返还投资款项应支持。纪某与卓某之间在《投资合作协议》中约定的权利义务合法有效，卓某未按约定履行合同义务，应承担违约责任，即按约定向外部投资人纪某返还投资款项。

（2）纪某向茂钰公司主张返还投资款项，需满足《公司法》第35条规定的股东不得抽逃出资，且公司完成减资的程序，如果上述条件均满足，则法院可支持纪某的主张，否则法院应驳回纪某的请求。

---

① 案例来源：最高人民法院（2015）民申字第811号判决书。

第五节　公司的消亡

清算是终结已解散公司的一切法律关系，处理公司剩余财产的程序，目的是终结公司的债权债务关系。依照我国《公司法》的规定，公司除因合并或分立解散无需清算，以及因破产而解散的公司适用破产清算程序外，其他解散的公司，都应当按《公司法》的规定进行清算。

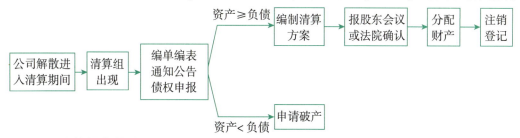

（一）清算组的组成

1. 自行清算

（1）成立清算组的时间：应当自解散事由出现之日起15日内成立清算组。

（2）清算组的组成

①有限责任公司的清算组由股东组成；

②股份有限公司的清算组由董事或者股东大会确定的人员组成。

2. 人民法院指定清算组

（1）人民法院指定清算的情形

有下列情形之一，债权人、公司股东、董事或其他利害关系人申请人民法院指定清算组进行清算的，人民法院应予受理：

①公司解散逾期不成立清算组进行清算的；

②虽然成立清算组但故意拖延清算的；

③违法清算可能严重损害债权人或者股东利益的。

（2）清算组的组成

人民法院受理清算案件，应当及时指定清算组成员。根据公司的具体情形，清算组成员可以由公司的股东、董事、监事、高级管理人员，或者依法设立的律师事务所、会计师事务所、破产清算事务所等社会中介机构，或者这些社会中介机构中具备相关专业知识并取得执业资格的人员组成。

⊙ ［总结］

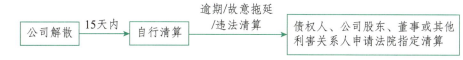

（二）清算中的债权申报

1. 债权申报。债权人应当自接到通知书之日起30日内，未接到通知书的自公告之日起45日内，向清算组申报债权。

2. 补充申报。

（1）债权人在规定的期限内未申报债权，在公司清算程序终结前补充申报的，清算组应予登记。

（2）债权人补充申报的债权，可以在公司尚未分配的财产中依法清偿。公司尚未分配的财产不能全额清偿，债权人有权主张股东以其在剩余财产分配中已经取得的财产予以清偿；但债权人因重大过错未在规定期限内申报债权的除外。

（3）债权人或者清算组，以公司尚未分配财产和股东在剩余财产分配中已经取得的财产，不能全额清偿补充申报的债权为由，向人民法院提出破产清算申请的，人民法院不予受理。

3. 清算组应当对债权进行登记。在申报债权期间，清算组不得对债权人进行清偿。

（三）清算方案

1. 清算组在清理公司财产、编制资产负债表和财产清单后，应当制定清算方案。

2. 清算方案报送确认

（1）公司自行清算的，清算方案报股东会或股东大会确认；

（2）法院指定清算的，清算方案报人民法院确认；

（3）未经确认的清算方案，清算组不得执行，否则给公司或债权人造成损失，公司、股东、董事、公司其他利害关系人或债权人有权向清算组成员主张赔偿责任。

3. 资产足以偿债的，按法定顺序进行财产分配。

4. 资产不足以偿债时，转向破产。

（四）未了事务处理

1. 清算期间，公司存续，但不得开展与清算无关的经营活动。

2. 清算中的诉讼：

（1）公司依法清算结算并办理注销登记之前，有关公司的民事诉讼，应当以公司的名义进行。

（2）公司成立清算组的，由清算组负责人代表公司参加诉讼；尚未成立清算组的，由原法定代表人代表公司参加诉讼。

（五）关于有限责任公司清算义务人的责任

1. 有因有果有连带

有限责任公司的股东因怠于履行义务，导致公司主要财产、账册、重要文件等灭失，无法进行清算，债权人主张其对公司债务承担连带清偿责任的，人民法院应依法予以支持。

2. "怠于履行义务"的含义

是指有限责任公司的股东在法定清算事由出现后，在能够履行清算义务的情况下，故意拖延、拒绝履行清算义务，或者因过失导致无法进行清算的消极行为。

3. 股东的免责情形

（1）有果无因可免责

股东举证证明其已经为履行清算义务采取了积极措施。比如：积极协助警方追逃，积极找寻大股东，或者小股东举证证明其既不是公司董事会或者监事会成员，也没有选派人员担任该机关成员，且从未参与公司经营管理，以不构成"怠于履行义务"为由，主张其不应当对公司债务承担连带清偿责任的，人民法院依法予以支持。

（2）有因无果可免责

有限责任公司的股东举证证明其"怠于履行义务"的消极不作为与"公司主要财产、

账册、重要文件等灭失，无法进行清算"的结果之间没有因果关系，主张其不应对公司债务承担连带清偿责任的，人民法院依法予以支持。

4. 诉讼时效期间

公司债权人请求股东对公司债务承担连带清偿责任，股东以公司债权人对公司的债权已经超过诉讼时效期间为由抗辩，经查证属实的，人民法院依法予以支持。

公司债权人以《公司法司法解释（二）》第18条第2款为依据，请求有限责任公司的股东对公司债务承担连带清偿责任的，诉讼时效期间自公司债权人知道或者应当知道公司无法进行清算之日起计算。

（六）股东出资加速到期

1. 公司解散时，股东尚未缴纳的出资均应作为清算财产。股东尚未缴纳的出资，包括到期应缴未缴的出资，以及依法分期缴纳尚未届满缴纳期限的出资。

2. 公司财产不足以清偿债务时，债权人主张未缴出资股东，以及公司设立时的其他股东或者发起人在未缴出资范围内对公司债务承担连带清偿责任的，人民法院应依法予以支持。

◉ ［常见设问场景及答题思路］

1. 公司清算期间涉及诉讼，诉讼主体及诉讼代表人是否合法？

［答题思路］

（1）公司注销之前，主体资格存在，公司涉诉的案件中，以公司为直接当事人。公司成立清算组的，由清算组负责人代表公司参加诉讼；尚未成立清算组的，由原法定代表人代表公司参加诉讼。

（2）公司未清算前被恶意注销的，以该公司的股东、发起人或出资人为当事人。作为被执行人的公司，未经清算即办理注销登记，导致公司无法进行清算，申请执行人申请变更、追加有限责任公司的股东、股份有限公司的董事和控股股东为被执行人，对公司债务承担连带清偿责任的，人民法院应予支持。

2. 债权人某某是否有权申请法院对甲公司强制清算？

［答题思路］ 如果公司没有在解散事由出现之日起15日内成立清算组进行清算，债权人有权申请法院强制清算。

3. 债权人主张某股东承担连带责任是否能支持？

［答题思路］

（1）有因有果有连带：股东"怠于履行清算职责"造成公司主要财产、文件、重要文件等灭失，无法进行清算的，股东应对债权人承担连带责任。

（2）有果无因可免责：如果股东举证证明其已经为履行清算义务采取了积极措施，或者小股东举证证明其既不是公司董事会或者监事会成员，也没有选派人员担任该机关成员，且从未参与公司经营管理，不构成"怠于履行义务"，不应当对公司债务承担连带清偿责任。

（3）有因无果可免责：股东举证证明其"怠于履行义务"的消极不作为与"公司主要财产、账册、重要文件等灭失，无法进行清算"的结果之间没有因果关系，不应承担连带清偿责任。

◉ ［主观工坊］

1. 昌顺公司经股东申请强制解散，法院作出了解散的判决，判决作出后，各方既未提出上诉，也未按规定成立清算组，更未进行实际的清算。在公司登记机关，昌顺公司仍登记至今。解散公司的判决生效后，就昌顺公司的后续行为及其状态，在法律上应如何评价？为什么？①

[答案] 法院作出的解散公司的判决，在性质上为形成判决，据此，公司应进入清算阶段。对此，《公司法》所规定的程序如下：（1）依第183条及时成立清算组；（2）清算组按照法律规定的期限，按《公司法》第184条至第187条的规定进行各项清算工作；（3）清算结束后，根据第188条的规定，清算组应当制作清算报告，报股东会确认，并报送公司登记机关，申请注销公司登记，公告公司终止。概括来说，按照我国《公司法》的规范逻辑，解散判决生效后，公司就必须经过清算程序走向终止。

本案昌顺公司被司法解散后仍然继续存在的事实，显然是与这一规范层面的逻辑不相符的，这说明我国立法关于司法解散的相关程序与制度，在衔接上尚有不足之处，有待将来立法的完善。

2. 鸿浩公司于2006年6月19日经工商注册登记成立，注册资本50万元。股东分别为杜剑刚、双新宇公司，持股比例为97%和3%。

2016年8月，鸿浩公司因非法经营被当地工商部门吊销营业执照。2017年1月，北京仲裁委员会作出裁决书：鸿浩公司向天康达公司支付拖欠的货款及利息30万元，以及天康达公司代付的仲裁费15000元。鸿浩公司一直没有履行仲裁裁决的给付义务，天康达公司申请法院强制执行，因鸿浩公司没有财产可供执行，执行程序终止。

2017年5月，天康达公司向法院申请对鸿浩公司进行强制清算。法院受理后指定某律所组成清算组进行清算。清算组发现鸿浩公司人员、账册、重要文件下落不明，无法查明其财产状况，已构成无法清算，故终结强制清算程序。

2017年6月，天康达公司起诉杜剑刚、双新宇公司，对其债务承担连带赔偿责任。

双新宇公司以其为仅占公司3%股权的小股东，并已经履行了对公司的出资义务且未参与公司的经营也未参与分红主张抗辩。②

（1）天康达公司是否有权申请法院对鸿浩公司强制清算？

[答案] 有权。根据《公司法司法解释（二）》第7条，公司解散逾期不成立清算组进行清算的，债权人、公司股东、董事或其他利害关系人有权申请人民法院指定清算组进行清算。本案中，2016年8月，鸿浩公司被吊销营业执照，具备清算事由，未能在法定的15日内组成清算组自行清算，2017年5月，作为债权人的天康达公司可向法院申请对鸿浩公司强制清算。

（2）天康达公司要求杜剑刚对其债务承担连带责任，是否应支持？

[答案] 可以支持。根据《公司法司法解释（二）》第18条第2款，大股东杜剑刚因怠于履行义务，导致公司主要财产、账册、重要文件等灭失，无法进行清算，债权人鸿浩公司有权主张其对公司债务承担连带清偿责任的

（3）天康达公司要求双新宇公司对其债务承担连带责任，是否应支持？

[答案] 不能支持。根据《公司法司法解释（二）》第18条的规定，股东怠于履行

---

① 案情根据2017年司法考试卷四真题改编。

② 北京双新宇工贸有限责任公司上诉北京天康达科技发展有限公司等股东损害公司债权人利益责任纠纷案，北京市第三中级人民法院（2016）京03民终10445号。

清算义务且造成无法清算的后果才需承担连带责任。本案中小股东双新宇公司既不是公司董事会或者监事会成员，也没有选派人员担任该机关成员，且从未参与公司经营管理，所以其不构成"怠于履行义务"，不应当对公司债务承担连带清偿责任。

第六节　一人公司及上市公司

考点1　一人公司

(一) "一子绝孙" 计划生育

1. 一个自然人只能投资设立一个一人有限责任公司；

2. 由一个自然人投资设立的一人有限责任公司不能作为股东投资设立新的一人有限责任公司。

⊙ [总结]

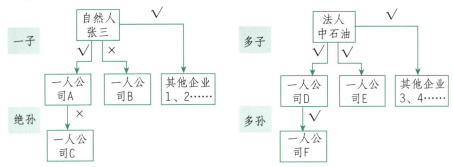

(二) 强制审计制度

一人有限责任公司应当在每一会计年度终了时编制财务会计报告，并经会计师事务所审计。

(三) 股东决议的形式及公开性要求

一人有限责任公司不设股东会。股东作出《公司法》第37条第1款所列决定时，应当采用书面形式，并由股东签名后置备于公司。

(四) 因财务混同适用法人人格否认时举证责任倒置

一人有限责任公司的股东不能证明公司财产独立于股东自己财产的，适用法人人格否认制度，股东对公司债务承担连带责任，公司的债权人可以将公司和公司股东作为共同债务人进行追索。

考点2　上市公司

(一) 上市公司重大交易股东大会特别多数决议制度

上市公司在1年内购买、出售重大资产或者担保金额超过公司资产总额30%的，应当由股东大会作出决议，并经出席会议的股东所持表决权的2/3以上通过。

(二) 董事会的特殊制度

1. 董事会秘书

上市公司设董事会秘书，属于高级管理人员。负责公司股东大会和董事会会议的筹备、文件保管以及公司股东资料的管理，办理信息披露事务等事宜。

2. 关联董事回避制度

（1）上市公司董事与董事会会议决议事项涉及的企业有关联关系的，<u>不得对该项决议行使表决权，也不得代理其他董事行使表决权</u>。

（2）该董事会会议由过半数的无关联关系的董事出席才可举行，董事会会议所作决议须经无关联关系的董事过半数通过。

（3）出席董事会的无关联关系董事人数不足 3 人的，应将该事项提交上市公司股东大会审议。

3. 独立董事制度

（1）独立董事的概念。

上市公司必须设置独立董事。独立董事是指不在公司担任除董事外的其他职务，并与其所受聘的上市公司及其主要股东不存在可能妨碍其进行独立客观判断的关系的董事。

（2）人数。上市公司董事会成员应当至少包括 <u>1/3</u> 的独立董事。

（3）专业性。上市公司的独立董事中，至少应包括 1 名会计专业人士。

（4）独立性：

①任职独立：不在公司担任除董事外的其他职务，<u>并与其所受聘的上市公司及其主要股东不存在可能妨碍其进行独立客观判断的关系的董事</u>。

②持股独立：直接或间接持有上市公司已发行股份 1% 以上或者是上市公司前 10 名股东中的自然人股东及其直系亲属不可以做该上市公司的独立董事。

（5）兼职。独立董事原则上最多在 <u>5 家上市公司兼任独立董事</u>。

（6）任期。任期与该上市公司其他董事任期相同，任期届满，可连选连任，但是连任时间不得超过 6 年。独立董事连续 3 次未亲自出席董事会会议的，由董事会提请股东大会予以撤换。

第七节　公司法与民法、民诉法的交叉

（一）公司法与民诉法交叉

1. 当事人

（1）股东直接诉讼，一般原告为股东，被告为公司

项目	原告	被告	其他
分红之诉	股东	公司	1. 一审法庭辩论结束前参诉的其他股东： （1）持相同诉讼请求→共同原告； （2）持不同诉讼请求→第三人。 2. 未参诉其他股东： 法院驳回股东的诉讼请求后，其他未参加诉讼的其他股东以相同的诉讼请求、事实和理由起诉的，不予受理（一事不再理）

项目	原告	被告	其他
决议效力瑕疵之诉	可撤销→股东	公司	决议涉及的其他利害关系人列为第三人
	无效 & 不成立→股东、董事、监事等	公司	
强制解散公司之诉	股东	公司	1. 其他股东可申请以共同原告或第三人参加诉讼。 2. 原告以其他股东为被告一并提起诉讼的，法院应当告知原告将其他股东变更为第三人。 3. 原告坚持不予变更的，法院应当驳回原告对其他股东的起诉
股权回购之诉	股东	公司	/

（2）公司受到内部董事、高管等侵权的救济

项目	原告	被告	其他
公司接受股东建议自行维权——董事、高管侵权	公司	侵权人	监事会代表出庭
公司接受股东建议自行维权——监事、他人侵权	公司	侵权人	董事会代表出庭
公司怠于追究——股东代位诉讼	股东	侵权人	公司为第三人

（3）法人人格否认诉讼中的当事人

适用情形	原告	被告
先告公司已得胜诉判决后告股东连带责任	债权人	股东
同时告公司和股东	债权人	公司+股东为共同被告
直接告股东	债权人	1. 法院释明并告知原告追加公司为被告； 2. 原告拒绝追加的，裁定驳回起诉

（4）公司清算过程中的当事人

①公司依法清算结算并办理注销登记之前，有关公司的民事诉讼，应当以公司的名义进行。

②公司成立清算组的，由清算组负责人代表公司参加诉讼；尚未成立清算组的，由原法定代表人代表公司参加诉讼。

2. 代持股关系与第三人救济

⊙ ［例］佳和希之间为代持协议关系，希作为名义股东持有三剑客公司30%股权。

①希与第三人A之间的争议：

第一，A和希围绕"股权"产生争议。（比如：希将股权转让给A，A主张取得该股权），在A和希的争议解决过程中，佳如何救济？

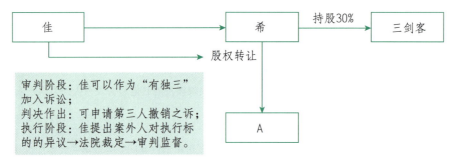

第二，A 和希围绕着"钱"产生争议。（比如：希对 A 负担 50 万元的债务）A 申请法院执行希名下的股权还债。在公司法和民诉法两个层面考查：

民诉：佳如何救济？

公司法：佳提出的案外人对执行标的的异议，法院是否应支持？

1. 民诉法角度：佳提出案外人对执行标的的异议→法院裁定→另行起诉。（执行异议之诉）

2. 公司法角度：佳提出的案外人对执行标的的异议，法院不应支持。根据"商事外观主义"的原则，债权人 A 对登记于希名下的股权有合理的信赖和预期。佳未依法转化为公司股东之前，不能仅以与希之间相对性的代持协议对抗善意债权人 A。

② 佳的债权人 B 申请法院执行希代持的股权

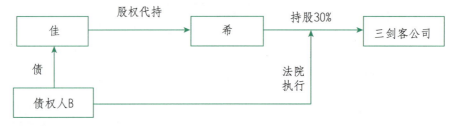

民诉法：

1. 佳作为被执行人提出执行行为异议→法院裁定→申请复议。

2. 希提出案外人对执行标的的异议→法院裁定→希另行起诉。（执行异议之诉）

公司法：

希提出案外人对执行标的的异议，根据"商事外观主义"，鉴于被执行的股权登记在希名下，如无其他恶意安排的情形，法院可支持其异议。但佳可以通过显名化的程序最终将股权变更登记回佳的名下，彼时代持关系结束。

3. 举证责任

（1）原则为谁主张谁举证；

（2）一人公司财务混同时，债权人追究唯一股东的连带责任，适用举证责任倒置。

4. 执行中变更、追加当事人

（1）企业合并分立（主体的变更、追加与债权债务承担的规则相同）

①执行中的申请人（被执行人）因合并而终止→合并后存续或新设的法人、其他组织相应被变更为申请人（被执行人）。

②执行申请人分立→依分立协议约定承受生效法律文书确定权利的新设法人或其他组织，申请变更、追加其为申请执行人。

③被执行人分立→申请执行人申请变更、追加分立后新设的法人或其他组织为被执行人，对生效法律文书确定的债务承担连带责任的，人民法院应予支持。但被执行人在分立前与申请执行人就债务清偿达成的书面协议另有约定的除外。

（2）总、分公司

①作为被执行人的法人分支机构，不能清偿生效法律文书确定的债务，申请执行人申请变更、追加该法人为被执行人的，人民法院应予支持。法人直接管理的责任财产仍不能清偿债务的，人民法院可以直接执行该法人其他分支机构的财产。

⊙ ［特别提示］执行其他分支机构财产无需申请人再申请变更或追加当事人。

②作为被执行人的法人，直接管理的责任财产不能清偿生效法律文书确定债务的，人民法院可以直接执行该法人分支机构的财产。

⊙ ［特别提示］法院执行各分支机构财产，无需申请人申请变更或追加当事人。

（3）出资瑕疵

①作为被执行人的企业法人，财产不足以清偿生效法律文书确定的债务，申请执行人申请变更、追加未缴纳或未足额缴纳出资的股东、出资人或依公司法规定对该出资承担连带责任的发起人为被执行人，在尚未缴纳出资的范围内依法承担责任的，人民法院应予支持。

②作为被执行人的企业法人，财产不足以清偿生效法律文书确定的债务，申请执行人申请变更、追加抽逃出资的股东、出资人为被执行人，在抽逃出资的范围内承担责任的，人民法院应予支持。

③作为被执行人的公司，财产不足以清偿生效法律文书确定的债务，其股东未依法履行出资义务即转让股权，申请执行人申请变更、追加该原股东或依《公司法》规定对该出资承担连带责任的发起人为被执行人，在未依法出资的范围内承担责任的，人民法院应予支持。

⊙ ［总结］因出资瑕疵需对公司的债权人承担补充赔偿责任的，在此范围内可被变更、追加为被执行人。

（4）非法注销

作为被执行人的公司，未经清算即办理注销登记，导致公司无法进行清算，申请执行人申请变更、追加有限责任公司的股东、股份有限公司的董事和控股股东为被执行人，对公司债务承担连带清偿责任的，人民法院应予支持。

（二）公司法与民法的结合

1. 公司担保问题

（1）法定决策流程：

①对外担保：公司章程授权股东会议或董事会作决议；

②对内担保：股东会议作决议。

（2）公司法定代表人依法定决策流程作决议后公司作出的担保行为→有效，公司承担担保责任。

（3）公司法定代表人未按照法定决策流程作决议，擅自以公司名义作出担保行为：

①认定此行为属于越权代表行为；

②债权人善意时，此担保行为有效，否则无效。

（4）第三人主张善意——需要对公司正确的机关决议尽到形式审查义务。

①对外担保时，债权人对公司的董事会决议或股东（大）会决议中任何一个尽到形式审查义务可认定善意；

②对内担保时，债权人需对公司的股东（大）会决议尽到形式审查义务；

③第三人的审查义务一般限于形式审查，只要求尽到必要的注意义务即可，标准不宜太过严苛。形式审查公司以机关决议系法定代表人伪造或者变造、决议程序违法、签章（名）不实、担保金额超过法定限额等事由抗辩债权人非善意的，人民法院一般不予支持。

（5）无需机关决议的例外情况。

有下列情形之一，公司以其未依照《公司法》关于公司对外担保的规定作出决议为由主张不承担担保责任的，人民法院不予支持：

①金融机构开立保函或者担保公司提供担保；

②公司为其全资子公司开展经营活动提供担保；

③担保合同系由单独或者共同持有公司 2/3 以上对担保事项有表决权的股东签字同意。

（6）越权担保的民事责任。

①法定代表人越权+相对人善意→担保合同有效→公司承担担保责任；

②法定代表人越权+相对人不善意→担保合同无效→公司不承担担保责任，但承担过错责任。

（7）内部权利救济，激活了股东代表诉讼。

①法定代表人超越权限提供担保造成公司损失，公司有权请求法定代表人承担赔偿责任；

②公司没有提起诉讼，股东可依法提起代位诉讼。

（8）上市公司为他人提供担保。

相对人根据上市公司公开披露的关于担保事项已经董事会或者股东大会决议通过的信息，与上市公司订立担保合同，相对人主张担保合同对上市公司发生效力，并由上市公司承担担保责任的，人民法院应予支持。

（9）一人公司为其股东提供担保。

①一人有限责任公司为其股东提供担保，公司以违反《公司法》关于公司对外担保决议程序的规定为由主张不承担担保责任的，人民法院不予支持。

②公司因承担担保责任导致无法清偿其他债务，提供担保时的股东不能证明公司财产独立于自己的财产，其他债权人请求该股东承担连带责任的，人民法院应予支持。

2. 善意取得

（1）出资人用无处分权的非货币财产出资，公司能否取得相应财产所有权按照善意取得制度处理；

（2）"一股二卖"：二卖行为为无权处分，该行为效力的认定按照善意取得制度处理；

（3）名义股东处分（转让、质押等）股权：该处分行为属于有权处分，受让人是否能取得相应权利参照善意取得制度处理。

专题二

企业破产法

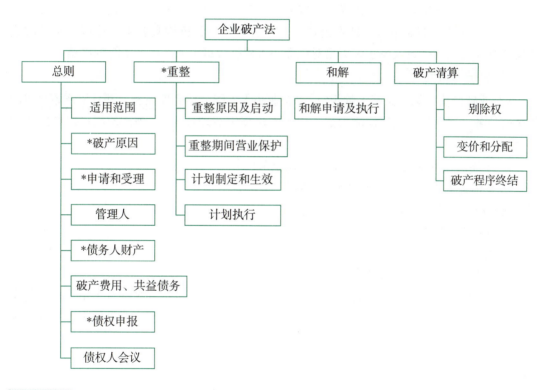

重点提示

《企业破产法》的内容在主观题中一般会在与民法、民诉相结合的综合性案例中出现，一般设置3题，分值为10～15分。总则中的受理、债务人财产、破产债权是重点内容，分则中重整是重点内容。另需注意，2019年3月28日生效的《破产法司法解释（三）》主要针对破产债权及债权人会议的相关内容进行了细化。2019年11月公布的《九民纪要》和2018年公布的《全国法院破产审判工作会议纪要》虽不是法律、法规或司法解释，但对于破产案件的前沿和热点问题展现了审判实务的观点，可作为相关案例分析的观点加以采纳，本专题吸纳了涉考性强的合并、破产等内容。

第一节 总 则

考点1 破产案件的适用对象及破产原因

(一) 破产程序的适用对象

1. 企业法人。

2. 企业法人以外的组织。其他法律规定的企业法人以外的组织的清算，属于破产清算的，参照适用《企业破产法》规定的程序。

⊙ [特别提示] 此处的其他组织只能参照破产程序进行清产核资，不适用对债权的实质处理规则。比如：合伙企业、个人独资企业可以适用破产程序，清产核资，但最终企业无法偿还的债务，普通合伙人、出资人还需要承担无限连带责任或无限责任。

3. 金融机构。商业银行、证券公司、保险公司等金融机构具备破产原因，国务院金融监督管理机构可以向人民法院提出对该金融机构进行重整或者破产清算的申请。

(二) 破产原因

《企业破产法》第2条第1款规定："企业法人不能清偿到期债务，并且资产不足以清偿全部债务或者明显缺乏清偿能力的，依照本法规定清理债务。"破产原因可以归纳为如下两种。

1. 不能清偿到期债务+资产不足以清偿全部债务

(1) 债务人不能清偿到期债务的情形

①债权债务关系依法成立；

②债务履行期限已经届满；

③债务人未完全清偿债务。

(2) 资产不足以清偿全部债务的证明

债务人的资产负债表，或者审计报告、资产评估报告等显示其全部资产不足以偿付全部负债的，人民法院应当认定债务人资产不足以清偿全部债务，但有相反证据足以证明债务人资产能够偿付全部负债的除外。

2. 不能清偿到期债务+明显缺乏清偿能力

(1) 不能清偿到期债务 (内容同上)。

(2) 明显缺乏清偿能力。债务人账面资产虽大于负债，但存在下列情形之一的，人民法院应当认定其明显缺乏清偿能力：

①因资金严重不足或者财产不能变现等原因，无法清偿债务；

②法定代表人下落不明且无其他人员负责管理财产，无法清偿债务；

③经人民法院强制执行，无法清偿债务；

④长期亏损且经营扭亏困难，无法清偿债务；

⑤导致债务人丧失清偿能力的其他情形。

⊙ [总结] 钱没了，人没了，强执不能，长期亏损、扭亏无望。

⊙ [特别提示] 相关当事人以对债务人的债务负有连带责任的主体未丧失清偿能力为由，主张债务人不具备破产原因的，法院应不予支持。

⊙ [常见设问场景及答题思路]

根据案情判断某企业是否具有破产原因？

[答题思路] 破产原因有两种，一是不能清偿到期债务+资产不足以清偿全部债务；二是不能清偿到期债务+明显缺乏清偿能力。每种原因都是复合标准，需要结合案情综合判断。

⊙ [主观工坊]

明月光石油公司被债权人甲公司申请破产。人民法院在审查时发现明月光公司的资产负债表显示其资产大于负债，是否能够认定其不具备破产原因？

[答案] 不能。根据《破产法》第2条和《破产法司法解释（一）》第4条的规定，当企业法人不能清偿到期债务且明显缺乏清偿能力时，即使资产负债表显示的资产大于负债，也能认定其具备破产原因。

考点2　申请和受理

（一）申请

1. 破产案件的申请人及适用条件

申请人	可申请程序	申请人资格	适用实质条件
债务人	重整、和解、清算	/	具备破产原因： (1) 不能清偿到期债务+资产不足以清偿全部债务； (2) 不能清偿到期债务+明显缺乏清偿能力
债权人	重整、清算	(1) 须为具有给付内容的请求权； (2) 须为法律上可以强制执行的请求权； (3) 须为已到期的请求权	债权人提交债务人不能清偿到期债务的证据→法院接收并通知债务人→债务人7日内提出异议，证明自己无破产原因→法院裁定受理或驳回 [特别提示] "资产不足以清偿全部债务或明显缺乏清偿能力"属于债务人的内部情况，债权人作为外部主体无法得知，因而不能要求债权人在提出破产申请时提交与此相关的证据

2. 破产申请的撤回、不予受理、驳回破产申请

（1）撤回

人民法院受理破产申请前，申请人可以请求撤回申请。法院对于申请人提出的撤回申请的请求有权审查，并以裁定的形式决定是否准许其撤回申请。法院准许申请人撤回申请的，在撤回前已经支付的费用，由申请人承担。

破产申请受理后，申请人请求撤回破产申请的，人民法院不予准许。

（2）不予受理

人民法院裁定受理破产申请前，提出破产申请的债权人的债权因清偿或者其他原因消灭的，因申请人不再具备申请资格，人民法院应当裁定不予受理。但该裁定不影响其他符合条件的主体再次提出破产申请。

（3）裁定驳回破产申请

人民法院受理破产申请后至破产宣告前，经审查发现债务人不符合破产原因的情形，可以裁定驳回申请。

3. 破产案件的接收

（1）接收破产申请的工作规范

人民法院收到破产申请时，应当向申请人出具收到申请及所附证据的书面凭证。

人民法院收到破产申请后应当及时对申请人的主体资格、债务人的主体资格和破产原因，以及有关材料和证据等进行审查。人民法院应当自收到申请之日起 5 日内通知债务人。债务人对申请有异议的，应当自收到人民法院的通知之日起 7 日内向人民法院提出。人民法院应当自异议期满之日起 10 日内裁定是否受理。

除前述规定的情形外，人民法院应当自收到破产申请之日起 15 日内裁定是否受理。

有特殊情况需要延长前述规定的裁定受理期限的，经上一级人民法院批准，可以延长 15 日。

人民法院认为申请人应当补充、补正相关材料的，应当自收到破产申请之日起 5 日内告知申请人。当事人补充、补正相关材料的期间不计入上述的期限。

（2）破产申请未被接收时的补救

申请人向人民法院提出破产申请，人民法院未接收其申请，或者未按上述接收程序执行的，申请人可以向上一级人民法院提出破产申请。

上一级人民法院接到破产申请后，应当责令下级法院依法审查并及时作出是否受理的裁定；下级法院仍不作出是否受理裁定的，上一级人民法院可以径行作出裁定。

上一级人民法院裁定受理破产申请的，可以同时指令下级人民法院审理该案件。

⊙ ［特别提示］上级法院径行裁定是在责令下级法院审查并裁定，下级法院不服从的基础上才能作出。

4. 诉讼费用

破产案件的诉讼费用，作为破产费用，从债务人财产中拨付。相关当事人以申请人未预先交纳诉讼费用为由，对破产申请提出异议的，人民法院不予支持。

⊙ ［总结］破产案件无需预交诉讼费。

（二）受理

破产案件的受理又称"立案"，法院裁定受理破产申请，是破产程序开始的标志。法院作出受理破产的裁定会产生如下的影响。

1. 指定管理人

人民法院裁定受理破产申请的，应当同时指定管理人。

2. 债务人有关人员应承担的法定义务

（1）相关人员范围

①法律规定的人员，即公司的法定代表人；

②人民法院确定的人员，包括企业的财务管理人员和其他经营管理人员，比如企业的董事、监事、经理、财务总监等人员。

（2）债务人的有关人员应当自人民法院作出受理破产申请的裁定之日起至破产程序终结之日止承担下列义务。

①合作与协助义务。妥善保管其占有和管理的财产、印章、账簿和文书等资料。

②提供信息的义务。根据人民法院、管理人的要求进行工作，并如实回答询问；列席债权人会议并如实回答债权人的询问。

③不擅离义务。未经人民法院许可，不得离开住所地。

④不新任义务。不得新任其他企业的董事、监事、高级管理人员。

3. 对债权进行统一集中管理

（1）人民法院受理破产后，债务人对个别债权人的债务清偿无效。

此处的清偿无效是指对抵押债权人在内的任何债权人的清偿均无效，接受清偿的债权人应返还因该清偿所得的财产利益。因为债务人已经具备破产原因，其实施对个别债权的清偿，违反了对债权人公平清偿的基本原则，而且断送了企业可能被重整而挽救的机会。

（2）对管理人为给付：

①人民法院受理破产申请后，债务人的债务人或者财产持有人应当向管理人清偿债务或者交付财产。

②错误给付的后果：债权人因债务人的债务人或者财产持有人故意违反规定向债务人清偿债务或者交付财产而遭受损失的，其清偿债务或者交付财产的义务并不因此而免除。

◉ ［例］新华书店作为债务人，A 公司欠新华书店 100 万元，新华书店被受理破产后，A 公司应向管理人偿付 100 万元，作为债务人财产，被概括保全，最后按统一的破产清偿顺序对债权人清偿。如果 A 公司擅自将款项偿还给新华书店的董事长或其他原业务负责人，该笔款项被对方挪作私用，损害债权人利益，不能免除 A 的清偿义务，管理人仍有权要求 A 清偿 100 万元。

（3）受理前个别的保全措施应解除。

查封、扣押、冻结等保全措施虽然是合法措施，但当债务人被受理破产之后，债务人的财产被概括保全，破产制度的目的是通过集体程序实现全体债权人之间的公平清偿。任何其他个别债权人申请法院采取的保全措施，都直接与破产程序的概括保全效力发生冲突，妨碍管理人对债务人财产的接管，所以个别的保全措施要解除。

（4）受理前个别的执行程序应中止。

①破产受理后，针对债务人的执行程序应当中止，以便将债务人的财产和债权人的权利行使都纳入统一的集体程序中。

②有关债务人财产的执行程序未依照《企业破产法》的规定中止的，采取执行措施的相关单位应当依法予以纠正。依法执行回转的财产，人民法院应当认定为债务人财产。

◉ ［实务拓展］1. 相关法院拒不解除保全或中止执行的，受理破产的法院可以请求该法院的上级法院依法予以纠正，相关人员违反上述规定造成严重后果的，破产受理法院可以向人民法院纪检监察部门移送其违法审判责任线索。

2. 债务人财产被税务机关、公安机关、海关等其他具有强制执行权力的国家行政机关采取保全措施或者执行程序的，人民法院应当积极与上述机关进行协调和沟通，取得有关机关的配合，解除有关保全措施，中止有关执行程序，以便保障破产程序顺利进行。

4. 固定债权

（1）附利息的债权在破产申请受理时停止计息。

（2）破产申请受理后，债务人欠缴款项产生的滞纳金，包括债务人未履行生效法律文书应当加倍支付的迟延利息和劳动保险金的滞纳金，债权人作为破产债权申报的，人民法院不予确认。

5. 待履行合同的处理

（1）待履行合同的定义：受理前已经成立，但债务人和对方当事人均未履行或均未履行完毕的合同。如果任何一方已经履行完毕则不适用此规则。

（2）管理人的决定权：对待履行合同，管理人有权决定继续履行或者解除，并通知对方当事人。

（3）推定解除：

①管理人自破产申请受理之日起 2 个月内未通知对方当事人，或者自收到对方当事人催告之日起 30 日内未答复的，视为解除合同。

②管理人决定继续履行合同的，对方当事人应当履行；但是，对方当事人有权要求管理人提供担保。管理人不提供担保的，视为解除合同。

（4）待履行合同不同处理后的对方权利保护

①管理人决定解除合同或合同被推定解除的，以此给对方当事人带来的损失，确定为破产债权，对方可以向管理人申报。

②继续履行合同的，因此带来的合同义务，对方可以主张共益债务。

6. 司法裁决程序

（1）受理前的民事诉讼或者仲裁应中止

①从破产立案日到管理人接管财产这段时间里，债务人的财产处于冻结状态，所以涉及债务人的民事诉讼或者仲裁必须中止。

②程序恢复：在管理人接管债务人的财产后，中止的诉讼或者仲裁继续进行。《企业破产法》不具备解决当事人实体权利义务争议的功能，实体争议必须由法院或者仲裁委解决。所以在"管理人接管财产后"，恢复进行被中止的民事诉讼或仲裁。

（2）受理后的民事争议裁决

①约定有效的仲裁协议或仲裁条款的，由约定的仲裁机构审理；

②没有约定仲裁的，通过诉讼处理。

第一，人民法院受理破产申请后，有关债务人的民事诉讼，只能向受理破产的人民法院提起。（受理法院统一管辖）

第二，例外。

例外 1：上级提审。受理破产申请的人民法院管辖的有关债务人的第一审民事案件，可以依据民事诉讼法的规定，由上级人民法院提审，或者报请上级人民法院批准后交下级人民法院审理。

例外 2：指定管辖。受理破产申请的人民法院，如对有关债务人的海事纠纷、专利纠纷、证券市场因虚假陈述引发的民事赔偿纠纷等案件不能行使管辖权的，可以依据《民事诉讼法》的规定，由上级人民法院指定管辖。

◉ ［常见设问场景及答题思路］

1. 甲公司对乙公司的一笔货款尚未到期，乙公司听闻甲公司出现财务危机，乙公司是否有权向人民法院申请甲公司破产？

［答题思路］无权。因为债权人申请债务人破产的，需要向人民法院提交债务人不能

清偿到期债务的证据，乙公司的债权尚未到期，无法提交此证据，不能申请甲公司破产。

2. 甲公司拖欠乙公司一笔货款迟迟未付，乙公司向法院申请甲公司破产，法院以乙公司未提交甲公司资不抵债或明显缺乏清偿能力的证据而不予受理，法院的做法是否正确？

[答题思路] 不正确。债权人申请债务人破产的，只需要提交债务人不能清偿到期债务的证据即可。债务人对债权人的申请自收到法院通知之日起 7 日内未向人民法院提出异议，或者异议不成立的，人民法院应当依法裁定受理破产申请。所以法院直接不予受理的做法是错误的。

3. 乙公司向法院申请甲公司破产，法院通知了甲公司，甲公司以乙公司未预交诉讼费为由要求法院不予受理，甲公司的主张是否应支持？

[答题思路] 不能支持。破产案件的诉讼费用，无须预交，法院受理后，管理人在主持破产流程时将诉讼费用列为破产费用从债务人财产中拨付。

4. 甲公司被法院受理破产后，可否单独清偿某债权？

[答题思路] 不可以。债务人被受理破产后，债务人对个别债权人的债务清偿无效。而无论此债权是否到期、是否有抵押。

5. 甲公司被受理破产后，双方均未履行完毕的合同如何处理？

[答题思路] 由管理人决定继续履行或解除。

6. 甲公司被受理破产后，相关司法程序如何处理？

[答题思路]

（1）原有的保全程序解除；

（2）原有的执行程序中止；

（3）原有的诉讼程序中止，管理人接管营业事务后恢复；

（4）新的争议，选择诉讼方式解决的，交由受理破产申请的法院审理；有有效的仲裁协议或仲裁条款的，由约定的仲裁机构审理。

◎ ［主观工坊］

1. 2018 年 2 月，乙公司与丙公司签署购货合同，约定丙公司于合同生效 2 个月后发货，乙公司于收到货后 15 日内付款。并约定如果因此合同有任何纠纷由 A 省 B 市仲裁委员会仲裁。2018 年 3 月，A 省 C 市法院受理了乙公司的破产申请。如果乙公司与丙公司的合同履行后，发生纠纷，应由仲裁委管辖还是法院管辖？①

[答案] 应归仲裁委员会管辖。根据《破产法司法解释（三）》第 8 条的规定，当事人之间在破产申请受理前订立有仲裁条款或仲裁协议的，应当向选定的仲裁机构申请确认债权债务关系。本案中，乙公司与丙公司在合同中约定了仲裁条款，在乙公司被受理破产后，原有的合同及仲裁条款仍有效，仍按合同约定的内容由仲裁委员会管辖。

2. 2013 年 3 月，债权人甲公司对债务人乙公司提出破产申请，请回答：

（1）甲公司应向法院提交哪些证据？

[答案] 甲公司应提交乙公司不能清偿到期债务的证据。根据《破产法司法解释（一）》第 6 条的规定，债权人申请债务人破产应向法院提交债务人不能清偿到期债务的证据，债

---

① 案情根据 2018 年法律职业资格考试主观题改编。

务人对债权人的申请未在法定期限内向人民法院提出异议，或者异议不成立的，人民法院应当依法裁定受理破产申请。

（2）如乙公司对甲公司所负债务存在连带保证人，其是否可以该保证人具有清偿能力为由，主张其不具备破产原因？

[答案]　不可以。根据《破产法司法解释（一）》第1条第2款的规定，相关当事人以对债务人的债务负有连带责任的人未丧失清偿能力为由，主张债务人不具备破产原因的，人民法院应不予支持。破产原因是对债务人自身的经营能力和偿付能力进行的判断或评价。乙公司不能以其他主体具有清偿能力来抗辩，所以乙公司的主张不能被支持。

（3）如果乙公司与丙公司有一合同尚未履行完毕，在乙公司被受理破产后，管理人可否解除该合同？

[答案]　可以。根据《企业破产法》第18条的规定，人民法院受理破产申请后，管理人对破产申请受理前成立而债务人和对方当事人均未履行完毕的合同有权决定解除或者继续履行……但需要在受理破产2个月内或对方催告30日内告知对方，否则视为合同被解除。

（4）如果丁公司申请法院对乙公司的办公楼采取了保全措施，在乙公司被受理破产后，该保全措施应如何处理？

[答案]　解除。根据《破产法》及司法解释的规定，人民法院受理破产申请后，有关债务人财产的保全措施应当解除。解除后，丁公司纳入破产的集体程序中，被平等保护。

考点3　破产管理人

（一）管理人和法院的关系

管理人由人民法院指定，管理人的变更、辞职、报酬均由人民法院确定。

（二）管理人和债权人会议的关系

债权人会议只是行使监督权，对于管理人的变更和报酬，债权人会议有异议的可以向人民法院提出，最终由人民法院决定。管理人执行职务应当接受债权人会议和债权人委员会的监督。

（三）管理人的组成及任职资格

管理人可以由有关部门、机构的人员组成的清算组或者依法设立的律师事务所、会计师事务所、破产清算事务所等社会中介机构担任。

人民法院根据债务人的实际情况，可以在征询有关社会中介机构的意见后，指定该机构具备相关专业知识并取得执业资格的人员担任管理人。

有下列情形之一的，不得担任管理人：

第一，因故意犯罪受过刑事处罚；

第二，曾被吊销相关专业执业证书；

第三，与本案有利害关系。

◉ [实务拓展]　管理人选任制度

1. 探索管理人跨区域执业

除从本地名册选择管理人外，各地法院还可以探索从外省、市管理人名册中选任管理人，确保重大破产案件能够遴选出最佳管理人。两家以上具备资质的中介机构请求联合担任同一破产案件管理人的，人民法院经审查认为符合自愿协商、优势互补、权责一致要求且确有必要的，可以准许。

2. 实行管理人分级管理

高级人民法院或者自行编制管理人名册的中级人民法院可以综合考虑管理人的专业水准、工作经验、执业操守、工作绩效、勤勉程度等因素，合理确定管理人等级，对管理人实行分级管理、定期考评。对债务人财产数量不多、债权债务关系简单的破产案件，可以在相应等级的管理人中采取轮候、抽签、摇号等随机方式指定管理人。

3. 建立竞争选定管理人工作机制

破产案件中可以引入竞争机制选任管理人，提升破产管理质量。上市公司破产案件、在本地有重大影响的破产案件或者债权债务关系复杂，涉及债权人、职工以及利害关系人人数较多的破产案件，在指定管理人时，一般应当通过竞争方式依法选定。

（四）管理人的职责

1. 对债务人的财产及经营管理权的接管。

（1）接管债务人的财产、印章和账簿、文书等资料；

（2）调查债务人财产状况，制作财产状况报告；

（3）决定债务人的内部管理事务；

（4）决定债务人的日常开支和其他必要开支；

（5）在第一次债权人会议召开之前，决定继续或者停止债务人的营业，应经法院许可；

（6）管理和处分债务人的财产；

（7）代表债务人参加诉讼、仲裁或者其他法律程序；

（8）提议召开债权人会议；

（9）人民法院认为管理人应当履行的其他职责。

《企业破产法》对管理人的职责另有规定的，适用其规定。

2. 忠诚、勤勉义务。

3. 不辞任义务。

⊙ ［常见设问场景及答题思路］

债权人委员会发现某破产管理人实施了损害债务人财产的行为，可否辞退该管理人？

［答题思路］不能直接辞退。破产管理人由人民法院指定并决定其报酬。破产管理人接受债权人会议和债权人委员会的监督。债权人会议认为管理人不能依法、公正执行职务或者有其他不能胜任职务情形的，可以申请人民法院予以更换而不能直接辞退或更换。

考点4 破产费用和共益债务

（一）破产费用的内容

1. 受理后的程序费用

（1）破产案件的诉讼费用；

（2）管理、变价和分配债务人财产的费用；

（3）管理人执行职务的费用、报酬和聘用工作人员的费用。

2. 受理前的程序费用

（1）受理破产前债务人尚未支付的强制清算费用；

（2）未终结的执行程序中的评估费、公告费、保管费等执行费用。

◉ ［特别提示］程序的保障。

（二）共益债务的内容

1. 因管理人或者债务人请求对方当事人履行双方均未履行完毕的合同所产生的债务。

2. 债务人财产受无因管理所产生的债务。

3. 因债务人不当得利所产生的债务。

4. 为债务人继续营业而应支付的劳动报酬和社会保险费用以及由此产生的其他债务。

5. 管理人或者相关人员执行职务致人损害所产生的债务。

此债务作为共益债务，由债务人财产随时清偿。债务人财产不足以弥补损失的，权利人向管理人或者相关人员主张承担补充赔偿责任的，人民法院应予支持。

此债务作为共益债务由债务人财产随时清偿后，债权人以管理人或者相关人员执行职务不当导致债务人财产减少给其造成损失为由提起诉讼，主张管理人或者相关人员承担相应赔偿责任的，人民法院应予支持。

6. 债务人财产致人损害所产生的债务。

7. 破产申请受理后，债务人或管理人可以为债务人继续营业而借款。

（1）新借款优先于普通破产债权受偿；

（2）不得优于此前已就债务人特定财产享有担保的债权；

（3）可为新借款设定抵押担保，如果一物二抵，按《民法典·物权编》的规则确认受偿顺序。

①登记的优先于未登记的；

②均登记的，按登记顺序受偿，顺序相同按债权比例受偿；

③均未登记的，按债权比例受偿。

◉ ［特别提示］破产受理后，为了所有债权人的共同利益而负担的实体债务。

◉ ［总结］破产债权和共益债务

	破产债权	共益债务
引发债的原因发生时间	破产受理之前	破产受理之后
利益保护	个别债权人利益	所有债权人共同利益
清偿顺序	按破产清偿顺位按比例清偿	用债务人财产随时清偿
利息	破产申请受理时停止计息	不保护利息

（三）破产费用和共益债务的清偿

1. 随时清偿

破产费用和共益债务由债务人财产随时清偿。在债务人财产足以清偿破产费用和共益债务时，二者的清偿不分先后。

2. 外部关系：破产费用优先清偿

债务人财产不足以清偿所有破产费用和共益债务的，先行清偿破产费用。

3. 内部关系：按比例清偿

债务人财产不足以清偿所有破产费用或者共益债务的，按照比例清偿。

4. 终结程序

债务人财产不足以清偿破产费用的，管理人应当提请人民法院终结破产程序。人民法院应当自收到请求之日起 15 日内裁定终结破产程序，并予以公告。

⊙ ［例］新华书店发生破产费用 10 万元，其中 A 项 5 万元，B 项 5 万元；共益债务 50 万元，其中 C 项 25 万元，D 项 25 万元。

（1）如果新华书店的债务人财产有 100 万元，即债务人财产 ≥（破产费用+共益债务），破产费用和共益债务随时发生，随时清偿，均被全额清偿。

（2）如果新华书店的债务人财产有 50 万元，那么，债务人财产<（破产费用+共益债务），则优先清偿破产费用 10 万元（A 项和 B 项被全额清偿），剩余 40 万元，由两项共益债务按比例受偿，即 C 项和 D 项各得 50%，20 万元。

（3）如果新华书店的债务人财产有 8 万元，则债务人财产<破产费用，破产程序终结，共益债务无法清偿，两项破产费用按比例清偿，即 A 项和 B 项各得 50%，也就是 4 万元。

⊙ ［常见设问场景及答题思路］

1. 结合案情，判断某债的性质是破产债权还是共益债务？如何清偿？

［答题思路］根据破产债权和共益债务的最主要的差异，即产生该笔债务的主要原因和发生的时间来辨别：发生于破产受理前的→破产债权→按破产清偿顺位按比例清偿；发生于破产受理后的→共益债务→随时清偿。

2. 案例中发生的破产费用和共益债务如何清偿？

［答题思路］

（1）债务人财产少于破产费用的→破产程序终结，各项破产费用按比例清偿；

（2）债务人财产足够偿付破产费用但不够清偿共益债务的→先清偿破产费用，共益债务各项按比例清偿；

（3）债务人财产足够偿付破产费用和共益债务的→随时清偿。

3. 执行转破产的案件中，执行程序中发生的评估费、公告费、保管费应如何清偿？

［答题思路］根据《破产法司法解释（三）》第 1 条第 1 款，人民法院裁定受理破产申请的，此前未终结的执行程序中产生的评估费、公告费、保管费等执行费用，可以参照《企业破产法》关于破产费用的规定，由债务人财产随时清偿。

4. 甲公司被受理破产后，为了继续营业，管理人向 A 公司借款 100 万元，该借款如何清偿？

［答题思路］根据《破产法司法解释（三）》第 2 条第 1 款的规定，破产申请受理后，管理人可以为债务人继续营业而借款，故提供借款的债权人 A 公司有权主张参照共益债务的规定优先于普通破产债权清偿，且 A 公司有权要求甲公司为此借款提供担保。

⊙ ［主观工坊］

2020 年 9 月甲公司被债权人申请破产，法院受理后，甲公司认为自己尚有一线生机，遂向法院申请重整，法院裁定重整。管理人向战略投资者乙公司筹措资金 1 亿以继续经营。乙公司同意借款但要求甲公司用厂房提供抵押，但该厂房已经抵押给工商银行。管理人遂用其对丙公司的应收账款的债权为乙公司办理了质押。后甲公司重整失败，被法院宣告破产。请回答：

1. 乙公司主张其债权优先于普通债权人受偿可否被支持？

[答案] 可以支持。根据《破产法司法解释（三）》第 2 条的规定，破产申请受理后，……管理人或者自行管理的债务人可以为债务人继续营业而借款。提供借款的债权人主张参照《企业破产法》第 42 条第 4 项的规定优先于普通破产债权清偿的，人民法院应予支持。本案中，乙公司的债权是甲公司被受理重整后，为了继续营业而负担的债务，属于共益债务，有权优先于普通破产债权清偿。

2. 乙公司主张其债权优先于银行的抵押贷款而受偿可否被支持？

[答案] 不可支持。根据《破产法司法解释（三）》第 2 条的规定：提供新借款的债权人，主张优先于此前已就债务人特定财产享有担保的债权清偿的，人民法院不予支持。本案中，银行在乙公司的债权产生之前，已经就甲公司的财产享有抵押担保，甲公司对乙公司所负责务虽然可被认定为共益债务，但不能优先于银行的抵押权利。

3. 乙公司可否就其借款主张利息？

[答案] 不能。根据法理，人民法院受理破产时要固定债权，所以受理后的滞纳金、利息等权益均不应被支持。本案中，甲公司对乙公司所负责务，作为破产受理后产生的共益债务，其利息也不应保护。

考点 5　债务人财产

（一）债务人财产的范围

1. 属于债务人的财产

（1）属于债务人所有的有形、无形、现在、将来的财产及财产权利。

除债务人所有的货币、实物外，债务人依法享有的可以用货币估价并可以依法转让的债权、股权、知识产权、用益物权等财产和财产权益，均为债务人财产。

（2）债务人所有，已依法设定担保物权的特定财产，应当认定为债务人财产。

（3）共有财产的处理

债务人对按份享有所有权的共有财产的相关份额，或者共同享有所有权的共有财产的相应财产权利，以及依法分割共有财产所得部分，均应认定为债务人财产。

人民法院宣告债务人破产清算，属于共有财产分割的法定事由。人民法院裁定债务人重整或者和解的，共有财产的分割应当依据《民法典·物权编》的规定进行；基于重整或者和解的需要必须分割共有财产，管理人请求分割的，人民法院应予准许。

因分割共有财产导致其他共有人损害而产生的债务，其他共有人有权请求作为共益债务清偿。

（4）撤销、追回及执行回转的财产

管理人行使撤销权及追回权后，相对人返还债务人的财产以及依法执行回转的财产应当认定为债务人财产。

⊙ [总结] 债务人财产范围的划定标准是标的物财产权利的归属。只要属于债务人所有的财产及权益均可认定为债务人财产。

2. 不属于债务人财产的范围

（1）债务人基于仓储、保管、承揽、代销、借用、寄存、租赁等合同或者其他法律关系占有、使用的他人财产；

（2）债务人在所有权保留买卖中尚未取得所有权的财产；

（3）所有权专属于国家且不得转让的财产；

（4）其他依照法律、行政法规不属于债务人的财产。

⊙ ［实务拓展］人民法院裁定受理破产申请时已经扣划到执行法院账户但尚未支付给申请执行人的款项，仍属于尚未执行完毕的债务人财产。人民法院裁定受理破产申请后，执行法院应当中止对该财产的执行。破产管理人有权向执行法院发函要求执行法院中止执行。

（二）取回权

1. 取回权的概念

（1）取回权是指财产所有权人基于物权关系，从管理人接管的财产中取回不属于债务人的财产的请求权。

（2）时间：权利人行使取回权，应当在破产财产变价方案或者和解协议、重整计划草案提交债权人会议表决前向管理人提出。

（3）逾期取回：权利人在上述期限后主张取回相关财产的，仍有权取回，但应当承担延迟行使取回权增加的相关费用。

（4）取回前提

权利人行使取回权时未依法向管理人支付相关的加工费、保管费、托运费、委托费、代销费等费用，管理人有权拒绝其取回相关财产。

2. 债务人占有的鲜活易腐、权属不清的财产，可以先行处分变价提存，有关权利人有权就该变价款行使取回权。

3. 债务人占有的他人财产被转让给第三人：无权处分+善意取得

情形	相关主体的保护
第三人完成善意取得	第三人取得财产所有权
	原权利人根据不同的情形向债务人主张相应的权利，等待分配： （1）转让行为发生在破产申请受理前的，原权利人因财产损失形成的债权，作为普通破产债权； （2）转让行为发生在破产申请受理后的，因管理人或者相关人员执行职务导致原权利人损害产生的债务，作为共益债务

续表

情形	相关主体的保护
第三人已经支付价款但未能善意取得标的物所有权	第三人的价款返还请求权，根据不同的情形向债务人主张相应的权利，等待分配： （1）转让行为发生在破产申请受理前的，第三人的价款返还请求权作为普通破产债权； （2）转让行为发生在破产申请受理后的，第三人的价款返还请求权作为共益债务
	原权利人行使取回权

4. 债务人占有的他人财产毁损灭失

项目	情形	处理规则
有的可取则取回	债务人占有的他人财产毁损、灭失，因此获得的保险金、赔偿金、代偿物尚未交付给债务人	原权利人向侵权人索赔，向保险公司主张赔偿金
	代偿物虽已交付给债务人但能与债务人财产予以区分的；	原权利人有权主张取回代偿物
没的可取得权利	（1）保险金、赔偿金已经交付给债务人，或者代偿物已经交付给债务人且不能与债务人财产予以区分的 （2）没有保险金、赔偿金或代偿物，或者保险金、赔偿金、代偿物不足以弥补其损失的部分	原所有权人根据不同的情形向债务人主张相应的权利等待分配： （1）财产毁损、灭失发生在破产申请受理前的，权利人因财产损失形成的债权，作为普通破产债权； （2）财产毁损、灭失发生在破产申请受理后的，因管理人或者相关人员执行职务导致权利人损害产生的债务，作为共益债务

5. 特殊取回权

（1）适用原则

①出卖人已将买卖标的物向作为买受人的债务人发运，债务人尚未收到货物且未付清全部价款的标的物所有权属于出卖人，出卖人可以取回在运途中的标的物。

②如果管理人支付全部货款，则债务人取得货物所有权，有权要求出卖人交付货物。

（2）未及时行使取回权，货物合法交付后不能取回。

①卖方未及时行使取回权，标的物合法交付给债务人，则债务人取得货物所有权，出卖人不能取回；

②卖方可就价款向管理人申报破产债权。

（3）及时行使取回权未实现，货物非法交付后依然可取回。

出卖人通过通知承运人或者实际占有人中止运输、返还货物、变更到达地，或者将货物交给其他收货人等方式，对在运途中的标的物主张了取回权但未能实现，或者在货物未达管理人前已向管理人主张取回在运途中的标的物，在买卖标的物到达管理人后，出卖人向管理人主张取回的，管理人应予准许。

⊙ ［特别提示］此时货物被违法交付给债务人，不发生所有权转移，出卖人依旧可以主张取回权。

6. 其他所有权保留买卖中的取回权

所有权保留买卖：当事人在买卖合同中约定买受人未履行支付价款或其他义务的，标的物的所有权属于出卖人。对于所有权保留的买卖合同，破产方管理人有权决定继续履行或解除合同。

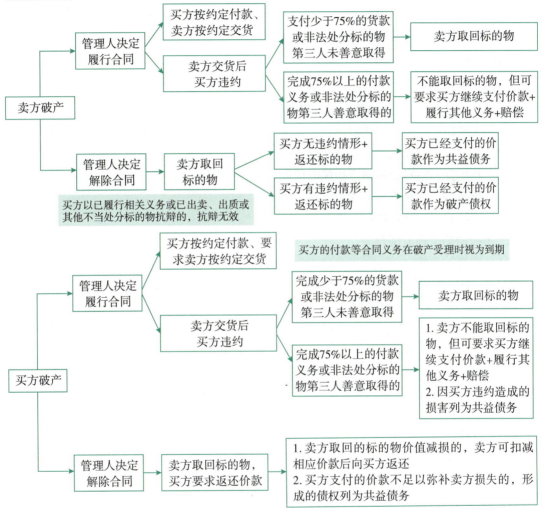

（三）追回权

1. 对出资人未缴出资的追回权

（1）法院受理破产申请后，债务人的出资人尚未完全履行出资义务的，管理人应当要求该出资人缴纳所认缴的出资，不受出资期限的限制。

（2）出资人缴纳出资的义务不受诉讼时效抗辩的限制。

（3）其他发起人和负有监督股东履行出资义务的董事、高级管理人员、协助抽逃的责任人应承担相应的法律责任，追回的财产归入债务人财产。

2. 对董事、监事、高管的非正常收入追回后，对方获得对应权利救济

债务人有破产原因时，债务人的董事、监事和高级管理人员利用职权获取的以下收

入，人民法院应当认定为非正常收入，董事、监事和高级管理人员应管理人的要求返还后，享受对应的权利救济。

（1）绩效奖金→按普通破产债权清偿。

（2）普遍拖欠职工工资情况下获取的工资性收入→平均工资范围内的，按职工债权清偿；超过平均工资的，按普通破产债权清偿。

（3）其他非正常收入→按普通破产债权清偿。

3. 对董事、监事、高管侵占的公司资产的追回，被侵占的财产由管理人追回后，债务人的董事、监事、高级管理人员不得作为债权申报。

（四）撤销权

1. 欺诈破产

受理前 1 年内，5 种欺诈破产行为可撤销。

（1）无偿转——无偿转让财产；

（2）低价让——以明显不合理的价格进行交易；

（3）新担保——对没有财产担保的债务提供财产担保；

（4）提前还——对未到期的债务提前清偿；

（5）弃债权——放弃债权。

2. 可撤销的个别清偿行为

（1）撤销的条件：

①清偿时间发生于破产受理前 6 个月内；

②清偿时债务人具有破产原因。

（2）例外：个别清偿使债务人财产受益的除外。例如，为购买维持生产所需要的原材料而支付的货款，为追索债务而支付的律师费等。

⊙ ［**实务拓展**］ 人民法院受理破产申请前 6 个月内，银行债权人利用其对债务人银行账户的控制地位扣划债务人银行账户资金清偿其债务的，属于《企业破产法》第 32 条规定的"对个别债权人进行清偿"的行为，管理人可按上述规则行使撤销权。

（3）三种例外不撤销

①优质债权——债务人对以自有财产设定担保物权的债权进行的个别清偿，一般不撤销，但是，债务清偿时担保财产的价值低于债权额的除外。

⊙ ［**例**］ 新华书店欠甲银行贷款 500 万元，用价值 800 万元的大楼设定了抵押。新华书店于 2018 年 1 月 1 日被受理破产。2017 年 10 月 15 日，新华书店具备破产原因的情形下，个别清偿了甲银行的贷款。

情形 1：如果案情未提及大楼价值贬损，此时抵押物价值 ≥ 债权额，甲银行就此大楼享有优先受偿权，即使新华书店在受理前 6 个月内且有破产原因时对甲银行进行了个别清偿，没有影响其他债权人的利益，故此行为不撤销。

情形 2：如果案情提及 2017 年 10 月 15 日，清偿贷款时，该大楼价值贬损，比如当时仅值 400 万元，此情形下，甲银行的债权仅有担保物价值范围内即 400 万元的优先受偿权，不能被全额清偿。但是新华书店依旧全额清偿了甲银行，甲银行获得了优于破产程序中的清偿比例，实质损害了其他债权人的利益，故此行为可撤销。

◉ ［总结］担保债权的清偿

受理破产前已经清偿完毕的	作为优质债权，属于有效清偿，不撤销
受理破产前未清偿的	受理后不得个别清偿，应纳入统一集中的流程中：在管理人规定的期限内申报，待破产宣告后参加破产分配时可主张就抵押物变现优先受偿

②法定清偿——债务人经诉讼、仲裁、执行程序对债权人进行的个别清偿，不撤销。但是，债务人与债权人恶意串通损害其他债权人利益的除外。

◉ ［总结］执行行为涉及的财产归属

情形	处理流程	相关财产归属
受理前执行财产已经支付给债权人	有效清偿，不撤销	财产归相应债权人
受理前执行财产在法院账户尚未支付给债权人	执行中止，法院将该财产退回债务人	财产归债务人，纳入破产程序中统一管理

③维持运营支出：

第一，债务人为维系基本生产需要而支付水费、电费等的；

第二，债务人支付劳动报酬、人身损害赔偿金的；

第三，使债务人财产受益的其他个别清偿。

◉ ［总结］

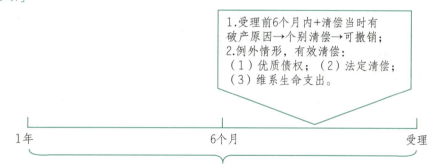

1.受理前6个月内+清偿当时有破产原因→个别清偿→可撤销；
2.例外情形，有效清偿：
（1）优质债权；（2）法定清偿；
（3）维系生命支出。

1年   6个月   受理

1年内+无偿转、低价让、新担保、提前还、弃债权→欺诈破产，可撤销

3. 清偿债务的撤销情形汇总

（1）受理后到期的债务，债务人于受理前1年内提前清偿的→可撤销。

债权于受理后到期

受理前1年   受理前6个月   受理

2017.1.1   阶段一   2017.7.1   阶段二   2018.1.1

阶段一+阶段二清偿，均为提前清偿可撤销

◉ ［例］新华书店于 2018 年 1 月 1 日被受理破产，甲公司对新华书店的债权于 2019 年 3 月 15 日到期，但新华书店于 2017 年 1 月 1 日至 2017 年 12 月 31 日之间清偿了甲公司该笔债权，此情形可撤销。

（2）受理前到期的债务，被提前清偿，原则上在债务人被受理破产时该债权本该被清

偿，故债权人没有实质的"占便宜"情形，根据清偿时间不同，分情况处理。

①清偿行为发生在阶段 1→定性为正常还债，不撤销。

②清偿行为发生在阶段 2，当时债务人无破产原因→定性为正常还债，不撤销。

③清偿行为发生在阶段 2，当时债务人有破产原因→定性为可撤销的个别清偿，可撤销。

◎ ［例］新华书店于 2018 年 1 月 1 日被受理破产，乙公司对新华书店的债权于 2017 年 10 月 15 日到期。

情形 1：新华书店于 2017 年 6 月 1 日（阶段 1），提前清偿了乙公司→不撤销。

情形 2：新华书店于 2017 年 10 月 1 日（阶段 2），清偿了乙公司的债务，但案情未提及当时新华书店具备破产原因→不撤销。

情形 3：新华书店于 2017 年 10 月 1 日（阶段 2），清偿了乙公司的债务，且案情明示当时新华书店具备破产原因→可撤销。

4. 认定无效的行为

《企业破产法》第 33 条规定，涉及债务人财产的下列行为无效：

（1）为逃避债务而隐匿、转移财产的；

（2）虚构债务或者承认不真实的债务的。

这些行为的特点是，在任何情况下均为法律所禁止。因此，作为无效行为，无论其何时发生均为无效，且任何人在任何时候均得主张其无效。

（五）抵销权

1. 抵销权的特征

（1）抵销的债权和债务都应该在破产受理前取得；

（2）抵销权行使的前提是"互有债权和债务"；

（3）不同种类的、附条件或期限的债权均可抵销；

（4）未到期的债权可抵销，但需扣除利息；

（5）只能单方提出，即债权人向管理人提出抵销，反之不可；

（6）抵销权行使后，未被抵销的部分列入破产债权，参加破产分配。

2. 禁止抵销的情形

（1）债务人的债务人在破产申请受理后取得他人对债务人的债权的，不可抵销；用优质债权抵销一般债权的除外。

◎ ［例］A 公司对新华书店负担 100 万元债务，B 公司对新华书店享有 100 万元债权，新华书店的破产清偿率是 5%。

1. 正常还债时，三方债权债务处理的规则是：A 公司对新华书店偿付 100 万元，新华书店对 B 公司偿付 5 万元（100 万元×5%），三方权利义务关系结束，这样新华书店在此三方关系中正向流入 95 万元，可供债权人受偿。

2. 非法抵销时：假设 A 公司在新华书店被受理破产后花 50 万元购买了 B 公司的债权，之后向新华书店主张抵销。如果允许，则 A 公司只需付出 50 万元来购买 B 公司的债权，无需付出 100 万元偿付新华书店的债。B 公司本来通过破产受偿只应得到 5 万元的偿付，却通过出售债权得到 50 万元。A 公司少付 50 万元，B 公司多得 45 万元，共计 95 万元，本应属于新华书店的破产财产供债权人平等受偿，却被 A、B 两公司瓜分，此行为既损害了新华书店的财产权益又损害了其他债权人的利益，所以禁止抵销。

债权债务负担情况：

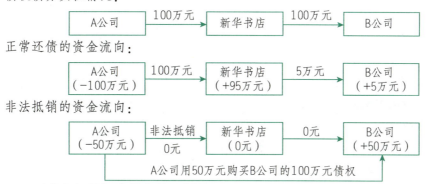

（2）恶意负担债权或债务禁止抵销。

①债权人已知债务人有不能清偿到期债务或者破产申请的事实，对债务人负担债务的禁止抵销；但是，因为法律规定或者有破产申请 1 年前所发生的原因而负担债务的除外。

⊙ [例]【以物抵债，变相受偿】B 公司对新华书店享有 100 万元债权，得知新华书店有破产原因，担心无法被偿付，遂与新华书店签署合同，购买一批畅销书，标的额 100 万元，B 公司收到书之后，应向新华书店支付的货款，即形成 B 公司对新华书店的债务，就此主张抵销。如果被允许，相当于实现了以物抵债，债权被全额偿付，规避了本该与其他债权人共同面临的风险，损害了其他债权人的利益，所以法律予以禁止。

②债务人的债务人已知债务人有不能清偿到期债务或者破产申请的事实，对债务人取得债权的，禁止抵销。但是，因为法律规定或者有破产申请 1 年前所发生的原因而取得债权的除外。

⊙ [例]【以"烂货"抵债，逃避责任】A 公司对新华书店负有 100 万元的债务，得知新华书店有破产原因，不想向新华书店全额偿付 100 万元。但此种情况下，A 公司又与新华书店签署合同，向新华书店出售了一批积压图书，标的额 100 万元。因为此合同，A 公司对新华书店享有了 100 万元债权，就此主张抵销，实现了以"烂物"偿债，对新华书店的债务人财产不利，损害了其他债权人的利益，法律予以禁止。

⊙ [总结] 本不具备抵销权的行使条件，为了抵销而创造条件，损人利己，禁止抵销。

③前述两种抵销行为如果发生在破产受理前 6 个月内，债务人被受理破产后 3 个月内，管理人有权主张抵销无效。

（3）股东欠债务人的出资额与债务人欠股东的债禁止抵销。

债务人的股东主张以下列债务与债务人对其负有的债务抵销，债务人管理人提出异议的，人民法院应予支持：

①债务人股东因欠缴债务人的出资或者抽逃出资对债务人所负的债务；

②债务人股东滥用股东权利或者关联关系损害公司利益对债务人所负的债务。

⊙ [常见设问场景及答题思路]

1. 案例中的相关财产，哪些属于债务人财产/某财产是否属于债务人财产？

[答题思路] 判断相关财产的所有权归属。如果所有权属于债务人现在的、将来的、有形的、无形的、共有的（只有归债务人部分的共有权利或份额为债务人财产）、执行回转的、撤销回来的均为债务人财产，否则不属于。

2. 管理人发现债务人于破产受理前从事的某行为是否可撤销？

[答题思路]

（1）欺诈破产：受理前 1 年内发生的"无偿转、低价让、新担保、提前还、弃债权"可撤销。

（2）个别清偿：受理前 6 个月内+清偿当时债务人具有破产原因情形下，清偿个别债务可撤销。三种情况不能撤：优质债权；法定清偿；为运营而必须支付的水费、电费、工资等清偿后不撤销。

（3）"提前还"的特殊情形：如果债权是受理前到期的，一般不撤销。受理前 6 个月内+具备破产原因时清偿的，才可撤销。

3. 债务人占有的他人财产被转让给第三人，权利人可否行使取回权？

[答题思路] 债务人占有他人财产被转让给第三人的，如果善意取得完成，原权利人无法行使取回权，只能根据转让行为与破产受理的时间关系对应取得破产债权或共益债务；如果善意取得没完成，可以取回标的物。

4. 债务人占有的他人某财产被毁损、灭失的，权利人可否行使取回权？

[答题思路] 债务人占有他人财产毁损灭失的，有独立的代偿物或代偿金，可取回；没有代偿物、代偿金，或者有代偿物、代偿金但与债务人财产融合无法分割，则不能取回；根据毁损灭失与破产受理的时间关系对应取得破产债权或共益债务。

5. 某债权人向管理人提出破产抵销权，是否应被支持？

[答题思路]

（1）债权或债务是否到期、种类是否相同不影响抵销权的行使；

（2）破产受理后受让的债权禁止抵销；

（3）恶意负担的债权或债务不得抵销；

（4）股东对公司的出资责任与对公司的债权不得抵销。

⊙ [主观工坊]

1. 西上市东河区的甲公司由 A 和 B 出资设立，甲公司在南下市北山区有一幅土地的使用权，该地块正在准备拆迁。

东下市西河区的乙公司是北上市南海区明达公司的全资子公司，主营房地产业务。A 和 B 以个人的名义找到乙公司，与乙公司协商：A 和 B 以甲公司的土地使用权出资，共同设立承接某房地产开发项目的公司。达成《合作协议》，约定如下：

（1）以乙公司为项目运营的商事载体，A、B 获得乙公司 40% 的股权；

（2）A、B 不涉及乙公司业务管理事务，包括投资、以土地使用权设定担保等；

（3）A、B 可以取得将来项目中 40% 的房产（A、B 各 20%）；

（4）A、B 得到房产后，应将股权转回明达公司名下；

（5）如因履行协议过程中发生争议，由被告所在地法院管辖。

协议签订后，乙公司对股权进行了变更，并根据股权的调整进行了商事变更登记。

后来，A 和 B 发现乙公司大规模融资且迅速对外销售房产，产生怀疑，向法院起诉乙公司违约，要求其按约定交付 40% 的房产，后在诉讼中撤回起诉。后乙公司经营不佳，A 和 B 申请将乙公司进行重整，要求乙公司给予约定的 40% 的房款。请回答：①

A、B 对乙公司申请重整后，可否主张取回 40% 的房产？

[答案] A、B 无权主张取回房产。根据《企业破产法》第 38 条规定，人民法院受理破产申请后，债务人占有的不属于债务人的财产，该财产的权利人可以通过管理人取回。在本案中，A、B 对 40% 的房产尚未取得所有权，房产的所有权仍属于乙公司，作为债务人财产，故 A、B 对无权主张取回权。

2. 甲公司负债累累，债权人向法院提出破产申请，2018 年 9 月 20 日法院受理了该申请。2018 年 8 月甲公司与丙公司签订购货合同，约定货到后 15 日内付款。2018 年 9 月 18 日丙公司向甲公司发货，20 日收到了甲公司的破产通知，遂通知承运货物的卡车返回。无奈卡车司机并未理会，执意按原路线运输，于 2018 年 9 月 22 日将货物运抵甲公司库房并由库房管理员签收。丙公司遂向甲公司的破产管理人主张运回该批货物，被拒绝，后诉至法院。

（1）丙公司收到甲公司的破产通知后，是否有权要求承运卡车将货物运回？

[答案] 有权。根据《企业破产法》第 39 条："人民法院受理破产申请时，出卖人已将买卖标的物向作为买受人的债务人发运，债务人尚未收到且未付清全部价款的，出卖人可以取回在运途中的标的物……"该批货物于 9 月 20 日尚未被甲公司收到，且甲公司并未支付货款，丙公司作为出卖人，有权取回该批货物。

（2）丙公司在货物运抵后，向管理人主张运回货物，是否应被支持？

[答案] 可支持。根据《破产法司法解释（二）》第 39 条第 1 款，出卖人丙公司依据《企业破产法》第 39 条的规定，通过通知承运人或者实际占有人中止运输、返还货物……对在运途中标的物主张了取回权但未能实现……在买卖标的物到达管理人后，出卖人向管理人主张取回的，管理人应予准许。丙公司的货物被违法交付给甲公司，并不能转移货物的所有权，丙公司依旧有权于货物到达管理人后向管理人主张取回。

3. 2017 年 8 月 15 日因若辉化工公司不能清偿到期债务，宏兴公司向甲市中级人民法院申请若辉化工公司破产还债。甲市中级人民法院于 2017 年 8 月 25 日裁定受理此破产申请。现查明：

（1）若辉化工公司拖欠大田公司的货款 200 万元，大田公司已经申请甲市某区法院于 2017 年 3 月 25 日执行完毕，执行法院已经从若辉化工公司将货款 200 万元以及逾期利息 30 万元执行扣划并归还给大田公司。

（2）若辉化工公司拖欠大地公司货款 300 万元，于 2017 年 2 月 10 日到期，若辉化工公司于 2016 年 12 月 4 日即提前清偿了该笔债务。

①　案例根据 2020 年法律职业资格考试主观题改编。

（3）绿野公司欠若辉化工公司应付货款 500 万元，尚未到期，若辉化工公司拖欠绿野公司 250 万元费用，已经到期；绿野公司于 2016 年 10 月 10 日受让若辉化工公司债权人鼎辉公司的债权 250 万元，现绿野公司向管理人主张以其享有的债权抵销若辉化工公司的债务。[①]

请回答：

（1）破产管理人欲依法主张针对大田公司通过法院执行的债权的撤销权，大田公司以其债权已经被法院执行完毕为由拒绝，管理人能否对大田公司的该债权主张撤销权？

[答案] 不能撤销。根据《破产法司法解释（二）》第 15 条的规定，虽然对大田公司的清偿行为发生于破产受理之前 6 个月内，但是其属于因为法院的执行行为而进行的法定清偿，管理人不能撤销此清偿行为。

（2）若辉化工公司提前清偿大地公司的货款，管理人欲主张撤销权，是否可以？

[答案] 不能撤销。根据《破产法司法解释（二）》第 12 条的规定，若辉化工公司虽然提前清偿了大地公司的债权，但是大地公司的债权于破产受理前到期，且清偿日在受理破产 6 个月以前，故此行为不可撤销。

（3）绿野公司的主张抵销债务的做法是否符合法律规定？为什么？

[答案] 抵销合法。绿野公司受让鼎辉公司的 250 万元债权，于破产受理前的 2016 年 10 月 10 日即已完成，为合法的债权转移，可以对应抵销 250 万元的互负债权债务。剩余 250 万元，虽然有未到期的情节，但在破产抵销中，未到期的债权债务也可抵销，所以绿野公司合法受让的 250 万债权和原本享有的 250 万债权与其对若辉化工公司负担的 500 万债务可以抵销。

考点 6　破产债权

（一）破产债权的特点

1. 以财产给付为内容的请求权。

[反例] 双方未履行完毕合同的履行，不属于破产债权，不可申报。

2. 破产受理前成立的债权。

[反例] 破产申请受理后，债务人欠缴款项产生的滞纳金，包括债务人未履行生效法律文书应当加倍支付的迟延利息和劳动保险金的滞纳金不属于破产债权，不能申报。

3. 平等民事主体之间的请求权。

[反例] 罚款罚金不属于破产债权，不能申报。

4. 合法有效的债权。

[反例] 诉讼时效届满、无效的债权不属于破产债权，不能申报。

（二）可申报的债权

1. 未到期、待定债权可申报

（1）附利息的债权于破产受理时停止计息；

（2）债权尚未确定的债权人，除人民法院能够为其行使表决权而临时确定债权额的外，不得行使表决权。

在破产财产分配时，对于诉讼或者仲裁未决的债权，管理人应当将其分配额提存。在

---

① 案例改编自国家统一法律职业资格考试案例分析指导用书，"若辉化工公司破产清算案"。

破产程序终结之日起满 2 年仍不能受领分配的，人民法院应当将其提存额分配给其他债权人。

2. 连带债务中，各方主体的债权保护

（1）债务人破产，保证人的债权申报

①现实求偿权：债务人的保证人或连带债务人已经承担保证责任清偿债务的，以其对债务人的求偿权申报债权。

②将来求偿权：债务人的保证人或连带债务人尚未承担保证责任清偿债务的，以其对债务人将来的求偿权申报债权。但是，债权人已经向管理人申报全部债权的除外。

⊙ ［例］A 公司是破产债务人，B 公司是保证人，C 公司是债权人。

债务人破产
1.保证人的现实求偿权可申报债权；
2.保证人的将来求偿权也可申报债权，但债权人全额申报的除外。

（2）保证人破产，债权人的债权申报

①保证人被裁定进入破产程序的，债权人有权申报其对保证人的保证债权。

②主债务未到期的，保证债权在保证人破产申请受理时视为到期。

③一般保证的保证人主张行使先诉抗辩权的，人民法院不予支持，但债权人在一般保证人破产程序中的分配额应予提存，待一般保证人应承担的保证责任确定后再按照破产清偿比例予以分配。

④保证人被确定应当承担保证责任的，保证人的管理人可以就保证人实际承担的清偿额向主债务人或其他债务人行使求偿权。

⊙ ［例］A 公司是债务人，B 公司是保证人，C 公司是债权人，保证人 B 公司破产。

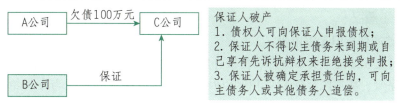

保证人破产
1. 债权人可向保证人申报债权；
2. 保证人不得以主债务未到期或自己享有先诉抗辩权来拒绝接受申报；
3. 保证人被确定承担责任的，可向主债务人或其他债务人追偿。

（3）连带债务中，债务人、保证人均破产，债权人的债权申报

①债务人、保证人均被裁定进入破产程序的，债权人有权向债务人、保证人分别申报债权。

②债权人向债务人、保证人均申报全部债权的，从一方破产程序中获得清偿后，其对另一方的债权额不作调整，但债权人的受偿额不得超出其债权总额。

③保证人履行保证责任后不再享有求偿权。

⊙ ［例］A 公司是债务人，B 公司是保证人，C 公司是债权人，债务人 A 公司、保证人 B 公司均破产。

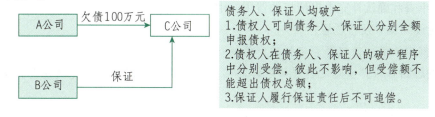

债务人、保证人均破产
1.债权人可向债务人、保证人分别全额申报债权；
2.债权人在债务人、保证人的破产程序中分别受偿，彼此不影响，但受偿额不能超出债权总额；
3.保证人履行保证责任后不可追偿。

3. 生效法律文书确定的债权

（1）生效法律文书确定的债权，管理人应确认；

（2）管理人认为债权有误或能证明有虚构债权债务情形，可通过审判监督程序申请撤销相应的法律文书，或申请撤销或不予执行相关文书，重新确定债权。

（三）债权异议

1. 债务人、债权人对债权表记载的债权有异议的，应当说明理由和法律依据。

2. 异议后处理流程

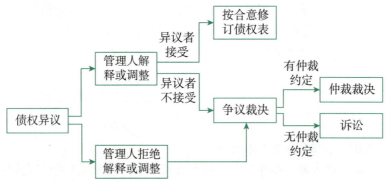

3. 诉讼当事人：对谁的债有异议，谁是被告

（1）债务人对债权表记载的债权有异议向人民法院提起诉讼的，应将被异议债权人列为被告。

（2）债权人对债权表记载的他人债权有异议的，应将被异议债权人列为被告。

（3）债权人对债权表记载的本人债权有异议的，应将债务人列为被告。

（4）对同一笔债权存在多个异议人，其他异议人申请参加诉讼的，应当列为共同原告。

（四）职工债权

1. 属于破产债权但无需申报。

债务人所欠职工的工资和医疗、伤残补助、抚恤费用，所欠的应当划入职工个人账户的基本养老保险、基本医疗保险费用，以及法律、行政法规规定应当支付给职工的补偿金，不必申报。

2. 处理流程：管理人调查公示→职工核对→异议更正→登记。

由管理人调查后列出清单并予以公示。职工对清单记载有异议的，可以要求管理人更正；管理人不予更正的，职工可以向人民法院提起诉讼。

（五）逾期可补报

1. 在人民法院确定的债权申报期限内，债权人未申报债权的，可以在破产财产最后分配前补充申

2. 此前已进行的分配，不再对其补充分配。

3. 为审查和确认补充申报债权的费用，由补充申报人承担。

◉ ［常见设问场景及答题思路］

1. 案例中的某些债权可否申报破产债权？

［答题思路］破产受理之前平等主体之间形成的债权可以申报。尤其注意待定债权可

申报，连带债务中，债务人或债权人的申报规则。

2. 保证人破产，债权人可否向其申报债权？保证人可否以主债务未到期进行抗辩？

[答题思路] 保证人破产，债权人可以对其享有的保证债权申报债权，保证人不可以主债务未到期为由进行抗辩。如果是一般保证人也不可以先诉抗辩权进行对抗。

3. 保证人、债务人均破产时，债权人如何申报债权？

[答题思路] 债权人可就全额债权在保证人、债务人的破产程序中分别申报，分别受偿。只是受偿总额不能超过债权总额。

4. 职工债权是否属于破产债权？是否需要申报？

[答题思路] 职工债权属于破产债权，但无需申报。由管理人调查后列出清单并予以公示。职工对清单记载有异议的，可以要求管理人更正。

5. 重整、和解计划执行中未按时申报债权的，如何保护？

[答题思路] 未按时申报债权的，在重整计划、和解计划执行期间不得行使权利，重整计划、和解计划执行完毕后按照同类债权的清偿条件行使权利。

◉ [主观工坊]

1. 2018年7月，甲公司对乙公司的一笔欠款拖延未付，被乙公司申请法院执行，法院扣押了甲公司的一批货物，由丙公司保管，为此发生12万元的保管费。同时甲公司向银行贷款100万元，以1套设备设定了抵押。甲公司因资不抵债于2019年1月1日被法院受理了破产申请，法院指定了管理人。管理人为了支付房租而以甲公司的名义向丁公司借款35万元。

甲公司对乙公司的欠款有保证人A公司，A公司也被法院受理了破产申请。

甲公司的债权人张某持法院判决书向管理人申报债权，管理人认为该判决是甲公司和张某恶意通过诉讼虚构债权债务。

请回答：

（1）丙公司主张其保管费由甲公司财产随时清偿能否支持？

[答案] 可以支持。根据《破产法司法解释（三）》第1条第1款的规定："人民法院裁定受理破产申请的，此前债务人尚未支付的公司强制清算费用、未终结的执行程序中产生的评估费、公告费、保管费等执行费用，可以参照企业破产法关于破产费用的规定，由债务人财产随时清偿。"本案中，丙公司的保管费属于破产费用可由债务人财产随时清偿，丙的主张能支持。

（2）乙公司针对甲公司的欠款及截至申报前的滞纳金申报债权，是否应支持？

[答案] 欠款及截至甲公司被受理破产时的滞纳金可支持，受理破产后的滞纳金不可支持。根据《破产法司法解释（三）》第3条的规定："破产申请受理后，债务人欠缴款项产生的滞纳金……债权人作为破产债权申报的，人民法院不予确认。"乙公司的欠款滞纳金于甲公司被受理破产时停止，不再作为破产债权保护，所以乙公司主张的受理后至申报前的滞纳金无法支持。

（3）丁公司主张优先于银行受偿，是否能支持？

[答案] 不能支持。根据《破产法司法解释（三）》第2条的规定："破产申请受理后……可以为债务人继续营业而借款。提供借款的债权人主张……优先于普通破产债权清偿的，人民法院应予支持，但其主张优先于此前已就债务人特定财产享有担保的债权清偿

的，人民法院不予支持。"本案中，甲公司对丁公司的债务是法院受理破产后为维持甲公司的营业活动所负，属于共益债务而优先于普通债权受偿，由债务人财产随时清偿，但不能当然优先于抵押债权人银行而受偿。

（4）如果乙公司已经向甲公司申报了债权，还是否有权向 A 公司申报债权？

[答案] 有权申报。根据《破产法司法解释（三）》第 5 条第 1 款的规定："债务人、保证人均被裁定进入破产程序的，债权人有权向债务人、保证人分别申报债权。"所以本案中丙公司有权分别向甲公司和 A 公司申报债权，分别受偿。只是所得清偿总额不能超过其债权额。A 公司履行保证责任后不再享有追偿权。

（5）管理人是否可以对张某的申报的债权不予确认？

[答案] 不可以。根据《破产法司法解释（三）》第 7 条的规定，已经生效法律文书确定的债权，管理人应当予以确认。管理人认为债权人据以申报债权的生效法律文书确定的债权错误，或者有证据证明债权人与债务人恶意通过诉讼、仲裁或者公证机关赋予强制执行力公证文书的形式虚构债权债务的，应当依法通过审判监督程序来消灭对应的法律文书，重新确定债权，而不是直接不确认。

2. A 公司因经营不善，资产已不足以清偿全部债务，经申请进入破产还债程序。请回答：

（1）甲对 A 公司的债权未到期，是否可以申报破产债权？

[答案] 可申报。根据《企业破产法》第 46 条第 1 款："未到期的债权，在破产申请受理时视为到期。"本案中，甲公司的债权虽未到期依旧可申报，但自破产受理时应停止计息。

（2）职工丁对 A 公司的伤残补助请求权，是否应申报破产债权？

[答案] 无需申报。根据《企业破产法》第 48 条第 2 款，债务人所欠职工的伤残补助等，不必申报，由管理人调查后列出清单并予以公示。职工对清单记载有异议的，可以要求管理人更正；管理人不予更正的，职工可以向人民法院提起诉讼。

考点 7　债权人会议

（一）债权人会议的法律地位

债权人会议是全体债权人参加破产程序并集体行使权利的决议机构。

（二）债权人会议的程序规则

1. 债权人会议的组成及分类

（1）组成

依法申报债权的债权人为债权人会议的成员。

职工不是债权人会议的成员，但是债权人会议中应当有债务人的职工和工会的代表参加，并对有关事项发表意见。

债权人会议主席，由人民法院从有表决权的债权人中指定。

（2）分类

①有表决权的债权人。是指有权出席债权人会议和发表意见，并有权对会议事项投票表达个人意志的债权人。

②有限表决权的债权人。是指有权出席债权人会议和发表意见，并有权对会议部分事

项投票表达个人意志的债权人，主要是对债权人特定财产享有担保权并且未放弃优先受偿权利的债权人。有限表决权的债权人对通过和解协议和通过破产财产的分配方案无表决权。

③无表决权的债权人。是指有权出席债权人会议和发表意见，无权对会议事项投票表达个人意志的债权人。主要是：

第一，债权尚未确定，人民法院未能为其行使表决权而临时确定债权额的债权人。

第二，债权附有停止条件，其条件尚未成就，或者附有解除条件，其条件已经成就的债权人。

第三，尚未代替债务人清偿债务的保证人或连带债务人以将来求偿权申报的债权。

2. 债权人会议的职权

（1）职权范围

①核查债权；

②申请人民法院更换管理人，审查管理人的费用和报酬；

③监督管理人；

④选任和更换债权人委员会成员；

⑤决定继续或者停止债务人的营业；

⑥通过重整计划；

⑦通过和解协议；

⑧通过债务人财产的管理方案；

⑨通过破产财产的变价方案；

⑩通过破产财产的分配方案。

（2）债权人会议职权委托

①债权人会议可以将申请人民法院更换管理人，审查管理人的费用和报酬，监督管理人，决定继续或者停止债务人的营业的职权委托给债权人委员会；

②债权人会议不得作出概括性授权，委托其行使债权人会议所有职权。

3. 债权人会议的召开主持

（1）债权人会议的主持：债权人会议主席主持债权人会议。

（2）债权人可以委托代理人出席债权人会议。

（3）第一次债权人会议的召开：第一次债权人会议为法定会议，由人民法院召集，应当在债权申报期限届满后15日内召开。

（4）以后各次债权人会议的召开：以后的债权人会议在人民法院、管理人、债权人委员会、占债权总额1/4以上的债权人向债权人会议主席提议时召开。召开债权人会议，管理人应当提前15日通知已知的债权人。

4. 债权人会议的表决和复议

（1）表决程序

①一般事项表决。债权人会议的决议，由出席会议的有表决权的债权人过半数通过，并且其所代表的债权额必须占无财产担保债权总额的1/2以上。

②特殊事项表决。

第一，通过和解协议的决议，由出席会议的有表决权的债权人过半数同意，并且其所代表的债权额占无财产担保债权总额的 2/3 以上。

第二，重整计划草案的分类分组表决。

对重整计划草案进行分组表决时，<u>权益因重整计划草案受到调整或者影响的债权人或者股东</u>，有权参加表决；权益未受到调整或者影响的债权人或者股东，不参加重整计划草案的表决。

出席会议的同一表决组的债权人过半数同意重整计划草案，并且其所代表的债权额占该组债权总额的 2/3 以上的，即为该组通过重整计划草案。

③决议撤销

债权人会议的决议具有以下情形之一，损害债权人利益，债权人申请撤销的，人民法院应予支持：

第一，债权人会议的召开违反法定程序；

第二，债权人会议的表决违反法定程序；

第三，债权人会议的决议内容违法；

第四，债权人会议的决议超出债权人会议的职权范围。

人民法院可以裁定撤销全部或者<u>部分事项决议</u>，责令债权人会议依法重新作出决议。

债权人申请撤销债权人会议决议的，应当提出书面申请。债权人会议采取通信、网络投票等非现场方式进行表决的，债权人申请撤销的期限自债权人收到通知之日起算。

（2）决议形式

债权人会议的决议除<u>现场表决</u>外，可以由管理人事先将相关决议事项告知债权人，采取通信、网络投票等非现场方式进行表决。采取非现场方式进行表决的，管理人应当在债权人会议召开后的 3 日内，以信函、电子邮件、公告等方式将表决结果告知参与表决的债权人。

（3）复议程序

债务人财产的管理方案和破产财产的变价方案，经债权人会议表决未通过的，由人民法院依法裁定。债权人对该裁定不服的，自裁定宣布之日或收到通知之日起 15 日内向该人民法院申请复议。

破产财产分配方案，经债权人会议两次讨论仍未通过的，由人民法院依法裁定。债权额占无财产担保债权总额 1/2 以上的债权人，自裁定宣布之日或收到通知之日起 15 日内向该人民法院申请复议。

复议期间不停止裁决的执行。

（三）债权人委员会

1. 债权人委员会的设立和成员

债权人会议可以决定设立债权人委员会。

债权人委员会成员包括由<u>债权人会议选出的债权人代表和 1 名债务人的职工代表或者工会代表</u>。委员会的成员不得超过 9 人，成员应当经人民法院书面决定认可。

2. 债权人委员会的职权

（1）监督债务人财产的管理和处分；

（2）监督破产财产分配；

（3）提议召开债权人会议；

（4）债权人会议委托的其他职权。

3. 债权人委员会的一般监督权

债权人委员会执行职务时，有权要求管理人、债务人的有关人员对其职权范围内的事务作出说明或者提供有关文件。

债权人委员会有权就管理人、债务人的有关人员违反规定拒绝接受监督事项请求人民法院作出决定；人民法院应当在5日内作出决定。

4. 债权人委员会的特别监督权

（1）重大处分行为范围

管理人实施的下列行为，属于对债权人利益关系重大的处分行为，应当及时报告债权人委员会：

①涉及土地、房屋等不动产权益的转让；

②探矿权、采矿权、知识产权等财产权的转让；

③全部库存或者营业的转让；

④借款；

⑤设定财产担保；

⑥债权和有价证券的转让；

⑦履行债务人和对方当事人均未履行完毕的合同；

⑧放弃权利；

⑨担保物的取回；

⑩对债权人利益有重大影响的其他财产处分行为。

未设立债权人委员会的，管理人实施以上行为应当及时报告人民法院。

在重整程序中，债务人自行管理企业事务的，其行为视为管理人的行为，其实施上述行为时也应当履行对债权人委员会的报告义务。

（2）重大资产处分的流程

①管理人就重大资产处分制作财产管理或者变价方案；

②提交债权人会议表决；

③实施前报告给债权人委员会或法院；

④实施、监督、纠正：

第一，实施中债权人委员会认为处分行为不符合债权人会议通过的方案，债权人委员会要求管理人改正；

第二，管理人拒不改正，债权人委员会请求法院作出决定；

第三，法院也认为不符合债权人会议通过的方案，责令管理人停止处分行为

第四，管理人予以纠正或者提交债权人会议重新表决通过后实施。

◉ ［常见设问场景及答题思路］

1. 重整计划的表决程序？

［答题思路］

（1）分组表决；

（2）组内通过：人数过半+债权额2/3以上；

（3）每组均通过。

2. 和解计划的表决程序？

[答题思路] 由出席会议的有表决权的债权人过半数同意，并且其所代表的债权额占无财产担保债权总额的 2/3 以上。

3. 涉及债务人的重大资产处分，管理人应如何进行？

[答题思路] 根据《破产法司法解释（三）》第 15 条。

（1）管理人就重大资产处分制作财产管理或者变价方案；

（2）提交债权人会议表决；

（3）实施前报告给债权人委员会或法院；

（4）实施、监督、纠正：

①实施中债权人委员会认为处分行为不符合债权人会议通过的方案，债权人委员会要求管理人改正；

②管理人拒不改正，债权人委员会请求法院作出决定；

③法院也认为不符合债权人会议通过的方案，法院责令管理人停止处分行为；

④管理人予以纠正或提交债权人会议重新表决通过后实施。

第二节　重 整 程 序

考点 1　重整原因及程序启动

（一）重整原因

重整，是指对可能或已经发生破产原因但又有挽救希望的法人企业，通过各方利害关系人的积极努力，借助法律强制进行营业重组与债务清理，以避免企业破产的法律制度。以下三种情况下可以启动重整程序：

1. 债务人不能清偿到期债务并且资产不足以清偿全部债务；

2. 债务人不能清偿到期债务并且明显缺乏清偿能力；

3. 债务人有明显丧失清偿能力可能的。

⊙ [特别提示] 第 3 项是专门适用于重整的原因。

（二）重整程序的启动

直接申请	债务人或者债权人可以直接向人民法院申请对债务人进行重整
间接申请	1. 前提：债权人申请对债务人进行破产清算。 2. 时间：在人民法院受理破产申请后破产宣告前。 3. 申请人： （1）债务人； （2）出资额占债务人注册资本 1/10 以上的出资人

考点 2　重整期间对债务人营业保护的规定

破产重整最主要的目的是帮助债务人企业走出经营困境，避免企业清算。因此，破产重整的一系列规则都旨在为企业创造一个更好的生存空间，以便帮助其恢复运营能力，重整制度的目标是"重在挽救，避免死亡"。

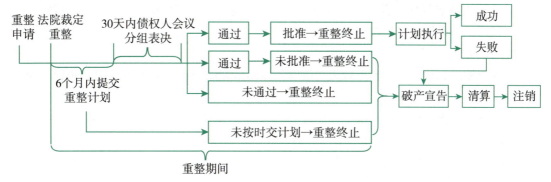

（一）概念

重整期间，是指自人民法院裁定债务人重整之日起至重整程序终止，详见上图。

人民法院受理重整程序申请，裁定债务人进入重整程序的，不得再行进行破产宣告。重整程序开始后，也不得再行启动和解程序。

（二）重整期间对债务人营业的保护

1. 营业事务管理

（1）债务人自行管理营业事务+管理人监督

①债务人自行管理营业事务

⊙ ［实务拓展］ 重整期间，债务人同时符合下列条件的，经申请，人民法院可以批准债务人在管理人的监督下自行管理财产和营业事务：

第一，债务人的内部治理机制仍正常运转；

第二，债务人自行管理有利于债务人继续经营；

第三，债务人不存在隐匿、转移财产的行为；

第四，债务人不存在其他严重损害债权人利益的行为。

债务人提出重整申请时可以一并提出自行管理的申请。依照《企业破产法》规定已接管债务人财产和营业事务的管理人应当向债务人移交财产和营业事务，《企业破产法》规定的管理人的职权由债务人行使。

②管理人监督

⊙ ［实务拓展］ 管理人发现债务人存在严重损害债权人利益的行为或者有其他不适宜自行管理情形的，可以申请人民法院作出终止债务人自行管理的决定。人民法院决定终止的，应当通知管理人接管债务人财产和营业事务。

债务人有上述行为而管理人未申请人民法院作出终止决定的，债权人等利害关系人可以向人民法院提出申请。

（2）破产管理人的管理+聘任债务人工作人员运营

①若债务人没有申请自行管理，或者申请未被法院批准时，仍然由破产管理人对于债务人的财产和营业进行管理；

②管理人负责管理财产和营业事务的，可以聘任债务人的经营管理人员负责营业事务。

2. 担保物权暂停行使

（1）在重整期间，对债务人的特定财产享有的担保物权暂停行使。

（2）担保物有损坏或者价值明显减少的可能，足以危害担保权人权利的，担保权人可以向人民法院请求恢复行使担保权。

3. 新借款及担保

在重整期间，债务人或者管理人为继续营业而借款的，可以为该借款设定担保。<u>此担保无论重整是否成功均有效。</u>

4. 取回权人行使所有权受限，须符合事先约定的条件。

⊙ ［例］甲租给新华书店一套设备，租期一年，在尚未到期时，新华书店进入重整期间，为了协助其重整，在租期未到时，甲不能提前取回该设备，但租期到期后，甲可取回。

⊙ ［总结］取回权在不同程序中的适用

破产清算	无论是否符合事先约定条件，均可取回
重整	符合事先约定条件→可取回； 不符合事先约定条件→不可取回

5. 重整期间，出资人及董、监、高的限制

（1）出资人不得请求投资收益分配；

（2）董事、监事、高级管理人员不得向第三人转让其所持有的债务人的债权。但是经法院同意的除外。

考点3　重整计划的制定、批准、执行

（一）重整计划的制定、通过、批准

1. 制作人：债务人或管理人

（1）债务人自行管理财产和营业事务的，由债务人制作重整计划草案。

（2）管理人负责管理财产和营业事务的，由管理人制作重整计划草案。

2. 重整计划的表决

（1）债权人分组

按照重整计划草案中的债权分类，对债权人分组，具体为：担保债权组、职工债权组、税收债权组、普通债权组、小额债权组（法院在必要时可决定在普通债权组中设小额债权组）、出资人组（重整计划草案涉及出资人权益调整时才需设置此组）。

（2）重整计划通过（人数过半+债权额 2/3 以上+所有组均通过）

①组内通过。出席会议的同一表决组的债权人过半数同意重整计划草案，并且其所代表的债权额占该组债权总额的 2/3 以上的，即为该组通过重整计划草案。

②债务人内部通过。各表决组均通过重整计划草案时，重整计划即为通过。

3. 重整计划的批准及生效

（1）法院批准，重整计划生效

①债权人会议分组表决通过后，经过人民法院的批准，重整计划生效。

人民法院在审查重整计划时，除合法性审查外，还应审查其中的经营方案是否具有可行性。重整计划中关于企业重新获得盈利能力的经营方案具有可行性、表决程序合法、内容不损害各表决组中反对者的清偿利益的，人民法院应当自收到申请之日起 30 日内裁定批准重整计划。

②经人民法院裁定批准的重整计划，对债务人和全体债权人均有约束力。

债权人未依照《企业破产法》规定申报债权的，在重整计划执行期间不得行使权利；在重整计划执行完毕后，可以按照重整计划规定的同类债权的清偿条件行使权利。

（2）法院强行批准

企业重整不仅关系到债权人的利益，而且关系到其他利害关系人的利益和社会公共利益，当个别债权人组出于自身利益而拒绝通过重整计划，而重整计划对该组债权人并无实质损害的情形下，《企业破产法》第 87 条①规定了法院的强行批准制度。

①再次表决

部分表决组未通过重整计划草案的，债务人或者管理人可以同未通过重整计划草案的表决组协商。该表决组可以在协商后再表决一次。双方协商的结果不得损害其他表决组的利益。

②再次表决仍未通过，法院可强行批准

未通过重整计划草案的表决组拒绝再次表决或者再次表决仍未通过重整计划草案，但重整计划草案符合法定条件的（未对该组利益造成实质不良影响），债务人或者管理人可以申请人民法院批准重整计划草案。人民法院经审查认为重整计划草案符合前述规定的，应当自收到申请之日起三十日内裁定批准，终止重整程序，并予以公告。

⊙ ［总结］法院强制批准的流程：

部分表决组未通过重整计划草案→债务人或管理人与之协商（不损害其他债权人利益）→再表决→再不通过+法定条件（决绝再次表决）→法院强制批准。

⊙ ［实务拓展］重整计划的变更

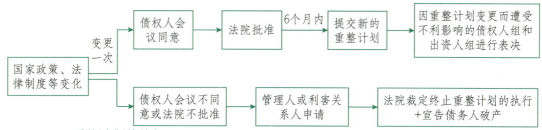

（二）重整计划的执行

1. 重整计划由债务人负责执行，管理人起到监督的作用。

2. 执行终止。

---

① 《企业破产法》第87条：部分表决组未通过重整计划草案的，债务人或者管理人可以同未通过重整计划草案的表决组协商。该表决组可以在协商后再表决一次。双方协商的结果不得损害其他表决组的利益。未通过重整计划草案的表决组拒绝再次表决或者再次表决仍未通过重整计划草案，但重整计划草案符合下列条件的，债务人或者管理人可以申请人民法院批准重整计划草案：（一）按照重整计划草案，本法第八十二条第一款第一项所列债权就该特定财产将获得全额清偿，其因延期清偿所受的损失将得到公平补偿，并且其担保权未受到实质性损害，或者该表决组已经通过重整计划草案；（二）按照重整计划草案，本法第八十二条第一款第二项、第三项所列债权将获得全额清偿，或者相应表决组已经通过重整计划草案；（三）按照重整计划草案，普通债权所获得的清偿比例，不低于其在重整计划草案被提请批准时依照破产清算程序所能获得的清偿比例，或者该表决组已经通过重整计划草案；（四）重整计划草案对出资人权益的调整公平、公正，或者出资人组已经通过重整计划草案；（五）重整计划草案公平对待同一表决组的成员，并且所规定的债权清偿顺序不违反本法第一百一十三条的规定；（六）债务人的经营方案具有可行性。人民法院经审查认为重整计划草案符合前款规定的，应当自收到申请之日起30日内裁定批准，终止重整程序，并予以公告。

债务人不能执行或者不执行重整计划的，人民法院经管理人或者利害关系人请求，应当裁定终止重整计划的执行，并宣告债务人破产。

人民法院裁定终止重整计划执行的，产生如下后果：

（1）债权人在重整计划中作出的债权调整的承诺失去效力；但为重整计划的执行提供的担保继续有效；

（2）债权人因执行重整计划所受的清偿仍然有效；

（3）债权未受清偿的部分作为破产债权；

（4）前述规定的债权人，只有在其他同顺位债权人同自己所受的清偿达到同一比例时，才能继续接受分配。

⊙ ［常见设问场景及答题思路］

1. 针对重整期间的概念设问，比如人民法院批准重整计划时，重整期间是否结束？

［答题思路］ 重整期间起于人民法院裁定重整，终止于重整程序终结。重整程序可以因为多种情况终结，人民法院批准重整计划时，重整期间结束。进入重整计划执行阶段。

2. 重整期间管理人是否要辞职？

［答题思路］ 不需要。重整期间如果是债务人经法院批准自行管理营业事务的，管理人负责监督；债务人没有申请自行管理或申请未被法院批准的，仍由管理人对于债务人的财产和营业进行管理。所以重整期间管理人无需辞职。

3. 重整期间，担保债权人可否要求拍卖担保物优先受偿？

［答题思路］ 不可以。为了支持债务人重整，在重整期间，担保债权人的权利暂停行使。但是，担保物有损坏或者价值明显减少的可能，足以危害担保权人权利的，担保权人可以向人民法院请求恢复行使担保权。

4. 甲公司租给乙公司一套设备，在乙公司重整期间，租期届至，甲公司可否要求行使取回权？

［答题思路］ 可以。租期届至符合了事先约定的条件，取回权人可以行使取回权。

⊙ ［主观工坊］

思瑞公司不能清偿到期债务，债权人向法院申请破产清算。法院受理并指定了管理人。在宣告破产前，持股20%的股东甲认为如引进战略投资者乙公司，思瑞公司仍有生机，于是向法院申请重整。请回答：

1. 甲是否有权申请思瑞公司重整？

［答案］ 有权。根据《破产法》第70条第2款的规定，债权人申请对债务人进行破产清算的，在人民法院受理破产申请后、宣告债务人破产前，债务人或者出资额占债务人注册资本1/10以上的出资人，可以向人民法院申请重整。本案中思瑞公司被债权人申请破产清算，在破产宣告前，甲作为持股20%的股东有权向法院申请重整。

2. 如果思瑞公司开始重整，则管理人是否应辞去职务？

［答案］ 无需辞职。根据《破产法》第73条第1款的规定，在重整期间，经债务人申请，人民法院批准，债务人可以在管理人的监督下自行管理财产和营业事务。第74条规定，管理人负责管理财产和营业事务的，可以聘任债务人的经营管理人员负责营业事务。所以重整期间，管理人不必辞去职务，可以继续管理营业事务，当债务人经批准管理营业事务时，管理人可以进行监督。

3. 如果思瑞公司开始重整，银行对其 1000 万的抵押贷款可否要求拍卖抵押物而优先受偿？

[**答案**] 不能。根据《企业破产法》第 75 条第 1 款的规定，在重整期间，对债务人的特定财产享有的担保权暂停行使。但是，担保物有损坏或者价值明显减少的可能，足以危害担保权人权利的，担保权人可以向人民法院请求恢复行使担保权。所以银行的担保债权在思瑞公司重整期间暂停行使，担保物有损坏或价值明显减少足以损害担保权人的权利的，才可以向法院请求恢复。

4. 如果在思瑞公司重整期间，债权人甲公司未按时申报债权，2019 年 1 月，思瑞公司的重整计划被法院批准，思瑞公司变更为乙公司。甲公司的债权应如何处理？

[**答案**] 甲公司在重整计划执行完毕后，可以按照重整计划规定的同类债权的清偿条件向乙公司主张权利。根据《企业破产法》第 92 条第 2 款的规定，债权人未依照本法规定申报债权的，在重整计划执行期间不得行使权利；在重整计划执行完毕后，可以按照重整计划规定的同类债权的清偿条件行使权利。

第三节 关联企业破产

（一）关联企业/实质合并破产的审慎适用

1. 人民法院在审理企业破产案件时，应当尊重企业法人人格的独立性，以对关联企业成员的破产原因进行单独判断并适用单个破产程序为基本原则。

2. 当关联企业成员之间存在法人人格高度混同、区分各关联企业成员财产的成本过高、严重损害债权人公平清偿利益时，可例外适用关联企业实质合并破产方式进行审理。

（二）实质合并申请的审查

人民法院收到实质合并申请后，应当及时通知相关利害关系人并组织听证，听证时间不计入审查时间。人民法院在审查实质合并申请过程中，可以综合考虑关联企业之间资产的混同程度及其持续时间、各企业之间的利益关系、债权人整体清偿利益、增加企业重整的可能性等因素，在收到申请之日起 30 日内作出是否实质合并审理的裁定。相关利害关系人对受理法院作出的实质合并审理裁定不服的，可以自裁定书送达之日起 15 日内向受理法院的上一级人民法院申请复议。

（三）实质合并审理的管辖原则与冲突解决

1. 采用实质合并方式审理关联企业破产案件的，应由关联企业中的核心控制企业住所地人民法院管辖。

2. 核心控制企业不明确的，由关联企业主要财产所在地人民法院管辖。

3. 多个法院之间对管辖权发生争议的，应当报请共同的上级人民法院指定管辖。

（四）实质合并审理的法律后果

人民法院裁定采用实质合并方式审理破产案件的，产生如下后果：

1. 各关联企业成员之间的债权债务归于消灭；

2. 各成员的财产作为合并后统一的破产财产，由各成员的债权人在同一程序中按照法定顺序公平受偿。

3. 采用实质合并方式进行重整的，重整计划草案中应当制定统一的债权分类、债权调整和债权受偿方案。

4. 债权人、债务人对债权表记载的债权有异议的，可通过债权异议程序处理；仍不能确认的，可通过诉讼确认债权。

（五）实质合并审理后的企业成员存续

1. 适用实质合并规则进行破产清算的，破产程序终结后各关联企业成员均应予以注销。

2. 适用实质合并规则进行和解或重整的，各关联企业原则上应当合并为一个企业。根据和解协议或重整计划，确有需要保持个别企业独立的，应当依照企业分立的有关规则单独处理。

⊙ [特别提示] 本部分内容作为《全国法院破产审判工作会议纪要》的内容，代表了司法裁判观点，不具有法律、法规或司法解释的地位。可于主观题中作为可展示的观点之一。

⊙ [常见设问场景及答题思路]

1. 案例中债权人是否可以申请甲公司、乙公司、丙公司等合并破产/合并重整？

[答题思路]

观点一：可申请。简述案例中的人格混同情形，故甲、乙、丙公司高度人格混同，区分各公司财产的成本过高、严重损害债权人公平清偿利益，所以债权人可申请对其进行合并重整/破产。笔者建议采用此观点。

观点二：不可申请。现有的法律规范无明文规定；原则应尊重各企业的独立人格，防止对债权人不公平；债权人可通过其他途径救济。

2. 合并重整/破产后，对债权人的影响或后果如何？

[答题思路]

（1）各关联企业成员之间的债权债务归于消灭；

（2）各成员的财产作为合并后统一的破产财产，由各成员的债权人在同一程序中按照法定顺序公平受偿。

（3）采用实质合并方式进行重整的，重整计划草案中应当制定统一的债权分类、债权调整和债权受偿方案。

（4）债权人、债务人对债权表记载的债权有异议的，可通过债权异议程序处理；仍不能确认的，可通过诉讼确认债权。

⊙ [主观工坊]

为了资金周转，甲公司利用其控股地位，向其全资子公司多次无偿调取资金，各个子公司之间如果资金短缺，甲公司就在其所有全资子公司之间统一调度资金使用，且关联公司之间账目不清，甲公司的某全资子公司的债权人庚公司、辛公司，因到期债权不能获得清偿，向法院申请对甲公司及其所有全资子公司进行合并重整。[①] 请回答：

1. 庚公司、辛公司是否可以请求甲公司及其所有全资子公司进行合并重整？

[答案一] 可以请求合并重整。根据案情所述，甲公司滥用其控股地位，造成各子公

---

① 根据 2019 年法律职业资格考试主观题改编。

司财务混同，存在法人人格高度混同，应适用法人人格否认制度，且区分各关联企业成员财产的成本过高、严重损害债权人公平清偿利益，所以债权人辛公司、庚公司可申请对其进行合并重整。

[答案二] 不可以请求破产重整。现有的《企业破产法》及相应司法解释等法律规范中对合并重整并无明文规定。在适用破产或重整制度时，原则上应当尊重企业法人的独立性，避免对债权人造成不公平的影响。针对甲公司滥用权利过度操控各子公司的情况，债权人可通过追究其连带责任等其他途径保护自己的合法权益。

2. 假设甲公司及其全资子公司可以进行合并重整，则重整程序开始后，对于相关公司已经开始的民事诉讼程序有何影响？

[答案] 根据《企业破产法》第19条和20条的规定，甲公司及其全资子公司适用合并重整后，尚未审结的民事诉讼程序应当中止，在管理人接管债务人的财产后，该诉讼继续进行。有关债务人财产的保全措施应当解除，执行程序应当中止。

3. 开始合并重整后，对于所有债权人的影响是什么？

[答案]

（1）实体方面：①甲公司及各子公司内部的债权归于消灭；②外部债权人不得单独请求或接受甲公司及其子公司的清偿。

（2）程序方面：债权人应当向受理破产案件的人民法院申报债权。

（3）债务人、债权人对债权表记载的债权有异议的，根据《破产法司法解释（三）》第8条，应当说明理由和法律依据。经管理人解释或调整后，异议人仍然不服的，或者管理人不予解释或调整的，异议人应当在债权人会议核查结束后15日内向人民法院提起债权确认的诉讼。所以，债权人若对债权有争议，通过债权异议甚至诉讼程序确认债权。

第四节　破产法与民诉的结合

（一）管辖

1. 破产案件的管辖

（1）单独破产：破产案件由债务人住所地人民法院管辖。

（2）合并破产：

①由关联企业中的核心控制企业住所地人民法院管辖。

②核心控制企业不明确的，由关联企业主要财产所在地人民法院管辖。

③多个法院之间对管辖权发生争议的，应当报请共同的上级人民法院指定管辖。

2. 债务人被受理破产后民事诉讼活动的管辖

（1）原则：债务人被受理破产后的民事诉讼活动由受理破产的法院统一管辖。

（2）例外

①上级提审。受理破产申请的人民法院管辖的有关债务人的第一审民事案件，可以依据民事诉讼法第38条的规定，由上级人民法院提审，或者报请上级人民法院批准后交下级人民法院审理。

②指定管辖。受理破产申请的人民法院，如对有关债务人的海事纠纷、专利纠纷、证券市场因虚假陈述引发的民事赔偿纠纷等案件不能行使管辖权的，可以依据民事诉讼法第

37 条的规定，由上级人民法院指定管辖。

（二）执行转破产

1. 执行转破产的程序

（1）在执行中，作为被执行人的企业法人具备破产原因的，执行法院经申请执行人之一或者被执行人同意，应当裁定中止对该被执行人的执行，将执行案件相关材料移送被执行人住所地人民法院。执行法院作出移送决定后，应当书面通知所有已知执行法院，执行法院均应中止对被执行人的执行程序。（《民诉解释》第 513 条）

（2）被执行人住所地人民法院裁定受理破产案件的，执行法院应当解除对被执行人财产的保全措施。

（3）被执行人住所地人民法院裁定宣告被执行人破产的，执行法院应当裁定终结对该被执行人的执行。

（4）被执行人住所地人民法院不受理破产案件的，执行法院应当恢复执行。

2. 执行中相关费用的承接

人民法院裁定受理破产申请的，此前未终结的执行程序中产生的评估费、公告费、保管费等执行费用，可以参照企业破产法关于破产费用的规定，由债务人财产随时清偿。

（三）破产与担保

1. 人民法院受理债务人破产案件后，债权人请求担保人承担担保责任，担保人有权主张担保债务自人民法院受理破产申请之日起停止计息。

2. 人民法院受理债务人破产案件，债权人有权在破产程序中申报债权后又向人民法院提起诉讼，请求担保人承担担保责任。

3. 担保人清偿债权人的全部债权后，可以代替债权人在破产程序中受偿。

4. 在债权人的债权未获全部清偿前，担保人不得代替债权人在破产程序中受偿，但是有权就债权人通过破产分配和实现担保债权等方式获得清偿总额中超出债权的部分，在其承担担保责任的范围内请求债权人返还。

5. 债权人在债务人破产程序中未获全部清偿，有权请求担保人继续承担担保责任；担保人承担担保责任后，无权向和解协议或者重整计划执行完毕后的债务人追偿。

6. 债权人知道或者应当知道债务人破产，既未申报债权也未通知担保人，致使担保人不能预先行使追偿权的，担保人就该债权在破产程序中可能受偿的范围内免除担保责任，但是担保人因自身过错未行使追偿权的除外。

其他制度

第一节 合伙企业法

项目	普通合伙人	有限合伙人
资格	不能为无或限制行为能力人	可以为无或限制行为能力人
失去行为能力	合伙人开会，一致决议或走或留	无所谓
出资	可以以劳务出资	不可以劳务出资
责任	无限连带责任	认缴出资为限的有限责任
执行合伙事务	1. 同等执行合伙事务的权利； 2. 根据合伙协议的约定执行事务，实施越权代表行为的，保护善意相对人，认可外部行为效力； 3. 全体合伙人一致同意可聘请第三人经营管理； 4. 改名、改地、改范围（三改变）+处分无形资产、不动产（两处分）+他人担保、他人管理（两他人）一致决议	1. 不执行合伙事务； 2. 但部分"避风港"事项可实施，比如限定范围内的查账权，代位诉讼权等； 3. 如果执行了合伙事务，属于表见普通合伙。基于对善意相对人的保护，认定行为有效，合伙企业负责→其他普通合伙人 & 该有限合伙人连带→该有限合伙人对合伙企业及其他合伙人赔偿
竞业行为	绝对禁止	原则自由，协议可限制
自我交易	相对禁止	原则自由，协议可限制
对外转让份额	原则其他合伙人一致同意，协议可灵活	随便转。提前30天通知即可
出质行为	必须其他合伙人一致同意	原则自由，协议可限制
份额被强执	其他合伙人要么同意，要么优先购买，都不同意的，为被执行人办理退伙或削减份额的结算	法院通知，其他合伙人同等条件下有优先购买权
份额继承	相当于新人加入，需"你情我愿+资格具备"	当然继承
入伙流程	有约定按约定； 无约定：全体合伙人一致同意→原合伙人坦白→签书面入伙协议	有约定按约定； 无约定，同普通合伙人

续表

项目	普通合伙人	有限合伙人
入伙责任	入伙前+后的债务均承担无限连带责任	入伙前+后的债务均承担有限责任
法定退伙	人死、财空、资格无	个人丧失偿债能力不退伙
退伙后责任	退伙前原因发生的债→无限连带责任	退伙前原因发生的债→以退伙时分回的财产为限承担有限责任
身份转换	其他合伙人一致同意→转换前的债无限连带，转换后的债按身份负担→仅剩普通合伙人，变更为普通合伙企业→仅剩有限合伙人，合伙企业解散	

⊙ [主观工坊]①

2016年2月14日，高寒、王峰与李坤三人以及碧海公司、蓝天公司签订合伙协议，设立了名为宏图创业投资中心的有限合伙企业。约定普通合伙人高寒、王峰分别用专利、劳务作为出资；有限合伙人李坤以现金50万元作为出资，有限合伙人碧海公司以写字楼一层的使用权作为出资，有限合伙人蓝天公司以持有的战略投资数据库专利权出资。合伙协议约定由高寒、王峰组成管理小组执行合伙业务，并同时聘请高寒担任合伙企业的负责人。合伙协议对于合伙人对外转让出资问题没有任何的约定。合伙企业经营期间，发生下列事实：

（1）2016年12月，李坤以普通合伙人的名义与风信子公司签订了服务协议，为风信子公司的战略投资提供信息服务。

（2）李坤将自己经销的电脑20台出售给宏图创业投资中心，王峰认为李坤的行为属于法律规定的自我交易行为，应当无效。

（3）蓝天公司从事与宏图创业投资中心同样的创新创业服务业务，高寒对此提出异议，认为蓝天公司违背了法律规定的合伙人的竞业禁止义务。

（4）碧海公司为了融资，将其持有的宏图创业投资中心的合伙份额质押给中信银行，李坤认为该质押合同无效，主张依据《合伙企业法》的规定，合伙人持有的合伙份额的质押需要经过全体合伙人一致同意。

（5）2017年10月，碧海公司欲了解宏图创业投资中心的经营状况，遂向企业提出要求查阅合伙企业全部财务会计账簿的请求，并聘请会计机构来协助。

（6）2018年1月，经过充分协商，全体合伙人一致同意，王峰转为有限合伙人而李坤转为普通合伙人，现合伙企业的债务人就2018年1月之前发生的债务要求王峰、李坤与其他普通合伙人一起承担无限连带责任。

（7）合伙企业运行过程中，碧海公司由于业务需要，欲将自己的合伙份额转让给淘沙公司。

（8）合伙人李坤死亡，根据李坤的遗嘱，李坤之子10岁的李小果是李坤的继承人；李坤之妻周粉花是李小果的法定监护人。现周粉花代表李小果向合伙企业要求继承李坤的有限合伙人资格。

---

① 案情根据国家统一法律职业资格考试案例分析指导用书"宏图创业投资中心合伙事务纠纷案"。

【问题和答案】

1. 李坤以普通合伙人的名义与风信子公司签订的服务协议的效力如何？若该协议履行过程中须向风信子公司承担违约责任，则该责任依法应当如何承担？

[答案]《合伙企业法》第76条规定，第三人有理由相信有限合伙人为普通合伙人并与其交易的，该有限合伙人对该笔交易承担与普通合伙人同样的责任。本案中的情形为表见合伙，基于对善意相对人的保护，该协议有效。

根据《合伙企业法》第38条和第76条第2款，本案中，履行该协议需要承担违约责任，首先由合伙企业财产承担责任；全体普通合伙人以及有限合伙人李坤承担无限连带责任；合伙企业及承担责任的普通合伙人向李坤追偿。

2. 李坤将自己经销的电脑20台出售给宏图创业投资中心，王峰认为李坤的行为属于法律规定的自我交易行为，该交易行为的效力如何？

[答案] 有效。依据《合伙企业法》第70条的规定，有限合伙人可以同本有限合伙企业进行交易；但是，合伙协议另有约定的除外。本案中，合伙协议无特殊约定，李坤是有限合伙人，实施的自我交易行为具有法律效力。

3. 蓝天公司从事与宏图创业投资中心同样的创新创业服务业务，高寒对此提出异议，认为蓝天公司违背了法律规定的合伙人的竞业禁止义务，该说法是否具有法律依据？

[答案] 该说法错误。依据《合伙企业法》第71条的规定，有限合伙人可以自营或者同他人合作经营与本有限合伙企业相竞争的业务；但是，合伙协议另有约定的除外。本案中，合伙协议无特殊约定，蓝天公司是有限合伙人，实施的竞业行为具有法律效力。

4. 碧海公司未经全体合伙人一致同意，将其持有的合伙企业的财产份额质押给中信银行，该质押合同的效力如何？

[答案] 有效。《合伙企业法》第72条规定，有限合伙人可以将其在有限合伙企业中的财产份额出质；但是，合伙协议另有约定的除外。本案中，合伙协议对此并无规定，碧海公司为有限合伙人，因此质押合同有效，质权合法有效。

5. 碧海公司提出的查账请求是否符合法律的要求？为什么？

[答案]（1）根据《合伙企业法》第68条规定，对涉及自身利益的情况，有限合伙人有权查阅有限合伙企业财务会计账簿等财务资料……本案中，账簿中涉及碧海公司自身权益的，其有权查阅，否则不能查。

（2）对于是否能够聘请财务专业人员辅助进行，法律并无禁止性的规定，应允许。

6. 2018年1月，经过充分协商，全体合伙人一致同意，王峰转为有限合伙人而李坤转为普通合伙人之后，合伙企业的债权人要求王峰与李坤与其他普通合伙人一起对于合伙企业无法承担的债务部分承担无限连带责任，是否有理？

[答案] 有理。根据《合伙企业法》第83、84条的规定，有限合伙人转变为普通合伙人的，或者反之，对于转换之前的合伙企业债务，需承担无限连带责任。本案中，王峰与李坤应当对身份转换之前合伙企业无法承担的债务部分承担无限连带责任。

7. 合伙企业成立后，碧海公司由于业务需要，欲将自己的合伙份额转让给淘沙公司。需要如何进行？

[答案] 依据《合伙企业法》第73条的规定，有限合伙人可以按照合伙协议的约定向合伙人以外的人转让其在有限合伙企业中的财产份额，但应当提前30日通知其他合伙

人。本案中，合伙协议中对于合伙份额的转让并无其他约定，而碧海公司为有限合伙人，碧海公司只要提前30日通知其他合伙人即可。

8.周粉花代表李小果向合伙企业要求继承李坤的有限合伙人资格的主张是否合法？为什么？

[**答案**] 合法。依据《合伙企业法》第80条的规定，作为有限合伙人的自然人死亡、被依法宣告死亡或者作为有限合伙人的法人及其他组织终止时，其继承人或者权利承受人可以依法取得该有限合伙人在有限合伙企业中的资格。同时，有限合伙人不要求完全行为能力，本案中，李小果有权继承李坤的有限合伙人资格。

第二节 票据法

考点1 票据伪造或变造

（一）票据伪造

票据伪造是指无权限的当事人假冒他人名义进行的票据行为。

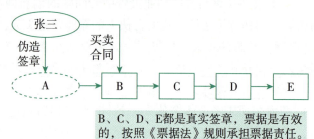

在票据上显示的出票人是A，但A的名字是张三伪造的假签章，该签章无效。票据上既没有A也没有张三的真实签章，二者不是票据当事人，不承担票据责任。
但是张三有"伪造签章"的违法行为，须承担民事或刑事等法律责任。

B、C、D、E都是真实签章，票据是有效的，按照《票据法》规则承担票据责任。

1.被伪造后的票据依然有效。

票据伪造不影响票据上其他真实签章的效力。票据责任由在票据上的真实签章人承担，如果票据上无真实签章人，则持票人向其直接前手主张民事权利。

2.被伪造人没有真实签章，不是票据当事人，不承担票据责任。

3.伪造人没有真实签章，不是票据当事人，不承担票据责任，但是伪造人应根据刑法和民法的规定承担伪造有价证券的对应法律责任。

⊙ [总结] 票据有效+被伪造人不担责+伪造人不承担票据责任但承担法律责任。

（二）票据变造

票据变造是指无票据记载事项变更权的人，以实施票据行为为目的，对票据上除签章以外的记载事项进行变更，从而使票据权利义务关系内容发生改变的行为。

票据被C变造为70万元，但所有主体均是真实签章人，票据有效；
A、B用此票据发挥过10万元的购买力，故应依变造前的文义承担10万元的责任；
C、D用此票据发挥过70万元的购买力，故应依变造后的文义承担70万元的责任；
如果有无法确定签章时间的主体，为了保护其合法权益推定其承担变造前的责任。

1.被变造后的票据依然有效。

2.变造票据义务人的责任：在变造之前的签章人，对变造之前的记载事项负责；变造之后的签章人，对变造之后的记载事项负责。

3. 不能辨别是在票据被变造之前或者之后签章的，视同在变造之前签章。

⊙ [总结] 票据有效+根据签章时间确定责任+无法确定时间推定为变造前。

⊙ [常见设问场景及答题思路]

1. 被伪造或变造后的票据是否有效？

[答题思路] 有效。基于票据的独立性、文义性等特征，某签章被伪造，不影响其他真实签章的效力。该票据中2、3、4、5……号主体的签章真实有效，故票据有效。由真实签章人享有票据权利，承担票据责任。

被变造的票据，各当事人签章均真实有效，票据有效。

2. 被伪造或变造的票据中，各主体责任？

[答题思路]

(1) 票据伪造：①被伪造人，没有真实签章，并非票据当事人，不承担票据责任；②伪造人没有真实签章，并非票据当事人，不承担票据责任，但需承担因伪造签章带来的民事、刑事等法律责任。

(2) 票据变造：①各当事人按签章时票面的记载内容承担票据责任；②不能辨别何时签章的，视为变造前签章，承担变造前票据的法律责任。

⊙ [主观工坊]

甲未经乙同意而以乙的名义签发一张商业汇票，汇票上记载的付款人为丙银行。丁取得该汇票后将其背书转让给戊。丙银行是否有权因签章的问题而拒绝付款？

[答案] 不能。根据《票据法》第14条第2款："票据上有伪造、变造的签章的，不影响票据上其他真实签章的效力。"本案中甲伪造了乙的签章，但不影响票据的效力。丙银行作为有效票据的付款人应承担票据责任。

考点2 票据对人抗辩

又称主观抗辩或相对抗辩，指基于票据义务人与特定票据权利人之间的一定关系发生的抗辩，抗辩只能对特定票据权利人主张。主要有以下情形。

(一) 对人抗辩的适用情形

1. 直接权利义务人间的抗辩

(1) "直接有因可抗辩"。这一点是票据无因性的唯一例外，虽然票据是无因证券，但在原因关系无效、不存在或消灭的情况下，票据债务人可以对有直接原因关系的票据权利人提出抗辩。

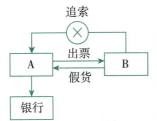

基于"直接有因可抗辩"的理解，A、B之间的买卖合同中B交假货，如B找A行使追索权，A得以"B交假货"来抗辩B的权利请求。其他直接相对人之间亦然。
此理由只能在直接前后手之间适用，与其他主体（包括付款银行）的责任无关联。

(2) 互负权利义务的直接当事人之间。

票据义务人与票据权利人，存在另一直接法律关系，在该法律关系中，票据义务人已经履行了自己的义务，而对方（票据权利人）并未履行约定义务，票据债务人可以提出抗辩。

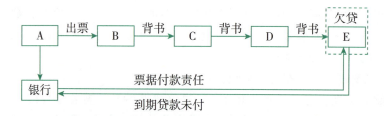

如果持票人E有欠银行的贷款未偿还。那么银行和E之间存在两个法律关系：
1. 票据关系：银行是义务人，E是权利人；
2. 贷款关系：银行是权利人，E是义务人。
两个法律关系中，双方互负权利和义务，所以银行得以因"E尚未偿还贷款"为由拒付票据款项，行使抗辩权。

2. 违约情况下

在当事人就空白票据的补充、票据的支付条件等有特别约定的情况下，有关当事人违反相应的约定而要求票据债务人履行票据义务，票据债务人可以提出抗辩。

3. 欺诈或胁迫情况下

在票据行为人因欺诈或胁迫而为票据行为的情况下，受欺诈或胁迫的票据债务人可以向因欺诈或胁迫行为而持有票据的人或就欺诈、胁迫行为有恶意或重大过失的持票人提出抗辩。

4. 取得手段非法情况下

在持票人所持有的票据是因盗窃、捡拾等非正当途径取得时，全体票据债务人可以向该持票人提出抗辩。

（二）票据抗辩的限制

1. 票据抗辩切断制度的适用

票据债务人不得以自己与出票人或持票人前手（任何前手）之间的抗辩事由对抗持票人。

⊙ ［特别提示］抗辩理由不能随着票据的流转而流转。

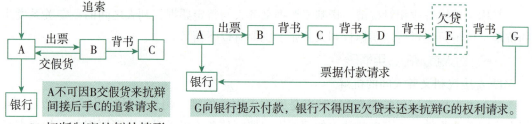

A不可因B交假货来抗辩间接后手C的追索请求。

G向银行提示付款，银行不得因E欠贷未还来抗辩G的权利请求。

2. 切断制度的例外情形

如果持票人是通过税收、继承、赠与等不给付相应对价而取得的票据权利，不能优于前手，即义务人对其前手的抗辩理由，可以抗辩持票人。

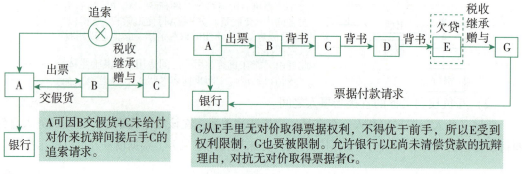

A可因B交假货+C未给付对价来抗辩间接后手C的追索请求。

G从E手里无对价取得票据权利，不得优于前手，所以E受到权利限制，G也要被限制。允许银行以E尚未清偿贷款的抗辩理由，对抗无对价取得票据者G。

⊙ [常见设问场景及答题思路]

1. 根据案情，银行（付款人或承兑人）可否拒绝承担付款责任？

[答题思路]

（1）付款人或承兑人是票据的第一责任人。一般而言，在票据有效的情形中，应承担付款责任。

（2）如果存在对人抗辩的情形，才可以对特定的票据权利人拒绝承担付款义务。常见的对人抗辩的情形是直接前后手有因可抗辩、直接权利义务人之间的抗辩。

2. 根据案情，银行（付款人或承兑人）是否可以因张三的某情形（欠银行贷款/未按合同约定交货）拒绝向李四承担付款责任？（张三为李四的前手）

[答题思路]

（1）根据票据抗辩的切断制度，一般情形中付款人或承兑人不可因张三的某情形而拒绝向其后手李四承担付款责任。

（2）但李四基于税收、继承、赠与的关系而从张三处没有给付对价即取得票据权利的，李四和张三接受相同的抗辩理由约束，此时银行如果能抗辩张三，则可抗辩李四。

⊙ [主观工坊]

潇湘公司为支付货款向楚天公司开具一张金额为 20 万元的银行承兑汇票，付款银行为甲银行。潇湘公司收到楚天公司货物后发现有质量问题，立即通知甲银行停止付款。另外，楚天公司尚欠甲银行贷款 30 万元未清偿。请回答：

1. 如甲银行在接到潇湘公司通知后仍向楚天公司付款，由此造成的损失甲银行是否需要承担责任？

[答案] 甲银行无需承担责任。根据票据无因性原理，如果原因关系有瑕疵，只有直接前后手可以此抗辩，但银行作为承兑人，独立承担票据责任。本案中原因关系的双方是潇湘公司和楚天公司，楚天公司交货有质量问题，潇湘公司可以据此对楚天公司提出抗辩，但此理由仅仅在楚天公司和潇湘公司之间可用。潇湘公司无权以原因关系要求银行停止付款，银行也不得以原因关系对抗票据权利人楚天公司。

2. 因为票据的无因性，甲银行承兑后是否不能再拒绝向楚天公司承担付款责任？

[答案] 不是。根据《票据法》第 13 条第 2 款的规定，票据债务人可以对不履行约定义务的与自己有直接债权债务关系的持票人，进行抗辩。本案中票据权利人楚天公司对承兑人甲银行有拖欠的贷款未还，甲银行具备了对楚天公司的抗辩理由，所以甲银行有权拒绝向楚天公司承担付款责任。

考点 3　失票救济

票据的丧失并不意味着票据权利的灭失，有法定的救济手段，即在票据权利人因某种原因丧失对票据的实际占有，使票据权利的行使遭到一定障碍时，为使票据权利人的权利能够实现，而对其提供的特别的法律救济。包括挂失止付、公示催告和提起诉讼。这三种救济措施彼此独立且平行，没有前后顺序的要求。

（一）挂失止付

挂失止付是指票据权利人在丧失票据占有时，为防止可能发生的损害，保护自己的票据权利，通知票据上的付款人，请求其停止票据支付的行为。

1. 提起人：失票人。一般来说，失票人当然为票据的持有者即持票人。但此处所称的票据持有者并不一定为票据权利人。

2. 相对人：挂失止付的相对人应为丧失的票据上记载的付款人，在票据上载明代理付款人时，也包括代理付款人。所以无法确定付款人或代理付款人的票据，无法挂失止付。

3. 效力：使收到止付通知的付款人承担暂停票据付款的义务。所以，付款人在接到止付通知后，应停止对票据的付款，否则，无论其善意与否，都应该承担赔偿责任。

但挂失止付只是失票人丧失票据后可以采取的一种临时补救措施，只有 3 天的有效期，以防止所失票据被他人冒领。票据本身并不因挂失止付而无效，失票人的票据责任并不因此免除，失票人的票据权利也不能因挂失止付得到最终的恢复。另外，挂失止付也不是公示催告程序和诉讼程序的必经程序。

（二）公示催告 & 除权判决

公示催告是指在票据等有价证券丧失的场合，由法院依申请人的申请，向未知的利害关系人发出公告，告知其如果未在一定期间申报权利、提出证券，则法院会通过判决的形式宣告其无效，从而催促利害关系人申报权利、提出证券的一种特别诉讼程序。

1. 申请

（1）条件：①确有票据丧失的事实；②确有票据权利存在；③不存在利害关系人之间的权利争执。

（2）申请：如果失票人未向付款人发出挂失止付通知，可以随时申请公示催告；如果失票人已经向付款人发出挂失止付通知，则应当在通知挂失止付后 3 日内，申请公示催告。

⊙ ［特别提示］公示催告可以在挂失止付后 3 日内申请，也可以不经挂失止付直接申请。

（3）申请人：票据的合法权利人，包括票据上所载的收款人、能够以背书连续证明自己合法持票人身份的被背书人。由于可能发生出票人在票据上签章后票据遗失的情况，这时，应当允许出票人作为公示催告的申请人。因为此种情况下，如果发生善意取得，该出票人必须承担出票人的票据责任。在票据遗失后，已经知道现实持有人的情况下，失票人则不能成为公示催告的申请人，只能依普通民事诉讼程序，提起返还票据的诉讼。

2. 程序

（1）审查：符合法律规定的，法院应当予以受理，进行公示催告；不符合受理条件的，应在 7 日内裁定驳回申请。

（2）公告：法院在受理公示催告的申请后，于 3 日内发出公告，催促利害关系人申报权利。

（3）期间：国内票据公示催告期间为自公告发布之日起 60 日，且公示催告期满日不得早于票据付款日后 15 日。

（4）止付通知。法院受理公示催告申请后应立即向票据付款人及代理付款人发出止付通知。

3. 公示催告的终结

公示催告的终结，有两种情况：一是经法院裁定终结公示催告；二是经法院判决终结公示催告。

（1）裁定终结公示催告。在公示催告期间，有人提出权利申报或对相关的票据主张权利时，法院就应该立即裁定终止公示催告，并通知申请人和票据付款人。在公示催告期间届满后、除权判决作出前，又有利害关系人申报权利的，也应该裁定终结公示催告。此后，申请人和权利申报人就应通过普通民事诉讼程序，提起有关确认权利归属的诉讼，解决其纠纷。

（2）判决终结公示催告程序。催告期满，无人提出相关票据、进行权利申报或主张票据权利，经当事人申请法院作出除权判决。法院作出的除权判决，是公示催告的最终结果，是对公示催告申请人票据权利恢复的确认。自该判决作出之日起，申请人就有权依该判决，行使其付款请求权和追索权；而已作出除权判决的票据，则丧失其效力，持有人不能再依此票据行使任何票据权利，即使是票据的善意取得人，也丧失其票据权利。

⊙ ［特别提示］公示催告程序只起到催告期间止付的效力，并不直接影响票据的效力。当公示期满无人申报债权，经申请人申请法院作出除权判决后，票据才丧失效力。所以除权判决前，票据的效力并未丧失。

⊙ ［总结］公示催告程序的流程

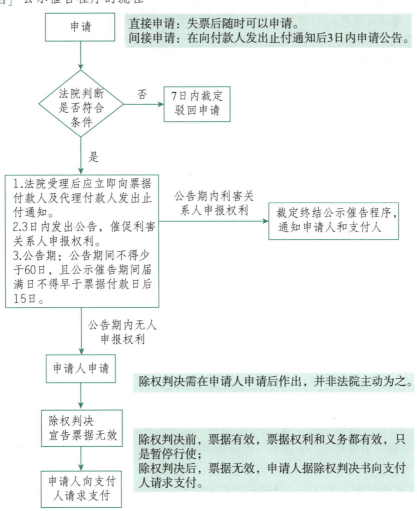

◉ [实务拓展] 恶意申请公示催告法院作出除权判决的救济

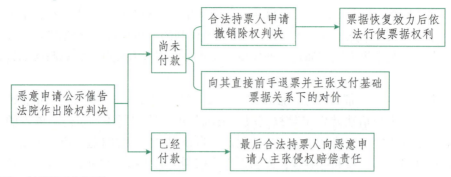

（三）普通诉讼程序

失票人失票后，在票据权利时效届满之前，可提供相应担保，请求出票人补发票据或请求债务人付款。失票人请求被拒时，可以与其有债权债务关系的出票人、拒绝付款的付款人或承兑人为被告，向被告住所地或票据支付地法院起诉。

◉ [常见设问场景及答题思路]

1. 张三（票据权利人）票据丢失，是否失去了票据权利？

[答题思路] 票据丢失不意味着权利的丧失，可以通过挂失止付、公示催告和除权判决、民事诉讼等程序实现权利的救济。

2. 张三将票据原件损毁，可否以票据复印件行使权利？

[答题思路] 不能。票据有要式性，票据复印件不能代替原件，复印件不具有票据的法律效力。

3. 张三（票据权利人）向法院申请了某票据的公示催告，法院尚未作出除权判决，张三可否据此行使票据权利？

[答题思路] 不能。公示催告只是中止了原票据的权利义务的行使，但原票据是有效的，权利义务关系依旧存在。申请人不能因公示催告流程而享有票据权利。

4. 张三将票据丢失，未申请挂失止付，可否申请公示催告？

[答题思路] 可以。票据丢失后的三大救济手段挂失止付、公示催告和除权判决、民事诉讼之间并无必然的前后关系，彼此间独立且平行。失票人可以任意选择。张三选择公示催告，可以在挂失止付后3日内申请，也可以不经挂失止付直接申请公示催告。

◉ [主观工坊]

亿凡公司与五悦公司签订了一份买卖合同，由亿凡公司向五悦公司供货；五悦公司经连续背书，交付给亿凡公司一张已由银行承兑的汇票。亿凡公司持该汇票请求银行付款时，得知该汇票已被五悦公司申请公示催告，但法院尚未作出除权判决。请回答：

1. 五悦公司未经挂失止付，可否申请公示催告？

[答案] 可以。根据《票据法》第15条第3款的规定，失票人应当在通知挂失止付后3日内，也可以在票据丧失后，依法向人民法院申请公示催告，或者向人民法院提起诉讼。所以挂失止付并非公示催告的必经流程或前置流程，五悦公司可以直接申请公示催告。

2. 银行是否因此不再对该汇票承担付款责任？

[答案] 不是，银行只是在公示催告期间暂停支付。公示催告并非决定票据效力的程序，只发生公示期内止付的效力。当公示期满无人申报权利，经申请人申请法院作出除权

判决后，票据才丧失效力。所以除权判决前，原票据有效，银行作为票据承兑人，需承担票据责任，票据权利人享有权利。

3. 如果公示期满无人申报权利，法院是否应作出除权判决？

[**答案**] 根据《民事诉讼法》第 222 条的规定，公示催告期满没有人申报权利的，人民法院应当根据申请人的申请，作出判决，宣告票据无效。所以法院不会主动作出除权判决，而是应申请人申请才会作此判决。

考点 4　汇票的背书、保证及附条件

（一）背书

1. 期后背书

（1）概念：汇票被拒绝承兑、被拒绝付款或者超过付款提示期限的背书。

（2）结果：期后背书不能产生《票据法》的效力。即在《票据法》的层面上，期后背书是不生效的，期后被背书人不是票据权利人，票据上的其他签章主体不对其承担责任。

（3）期后被背书人的权利保护。应当由期后背书人对被背书人承担汇票责任。其实质是对被背书人民事权利的保证。

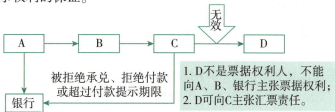

2. "不得转让"背书

（1）出票人记载"不得转让"的，汇票禁止流通。

若出票人票据上载有"不得转让"字样，票据不能再依《票据法》规定的背书方式转让，出票人后手亦不得以此票据进行贴现、质押。后手的所有转让行为均不产生《票据法》的效力。

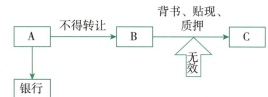

（2）背书人记载"不得转让"的，汇票可转让，后手背书行为有效，原背书人对后手的被背书人不承担保证责任。

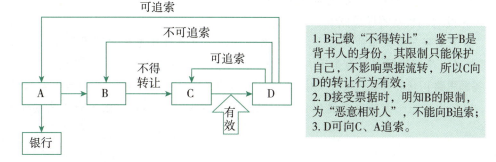

⊙ ［总结］

1. 保护记载"不得转让"之背书人不被间接后手追索。

2. 背书与出票记载"不得转让"的区别。

对比项目	出票记载"不得转让"	背书记载"不得转让"
后续背书行为效力	后续背书行为无效	后续背书行为有效
记载不得转让的后果	阻断票据流转，票据仅有唯一的权利人即收款人	后手的被背书人不得向"不得转让"背书人主张票据权利

3. 背书禁止附条件，附条件的，条件无效。

4. 分别或部分背书行为无效。

（二）票据的保证

1. 汇票保证的成立

保证成立的条件：

（1）"保证"字样；

（2）保证人的名称和住所；

（3）保证人签章。

2. 没有记载事项的推定：

（1）没有写明被保证人的，已承兑的汇票，承兑人为被保证人；未承兑的汇票，出票人为被保证人。

（2）没有写明保证日期的，出票日期为保证日期。

⊙ ［特别提示］ 以上两项内容的缺失，不影响保证行为的效力。

3. 保证不得附条件，附条件的，条件不生效，保证行为生效。

4. 保证责任独立性：保证责任有效成立后即生效，独立于设立此保证的原因关系。

5. 连带责任：

（1）保证人之间，以及保证人和被保证人对持票人承担连带责任；

（2）如果保证人为多人的，保证人之间为连带责任，内部份额约定不得对抗持票人，每一保证人都有义务全额清偿。

6. 保证人的代位权。保证人清偿票据债务后，可行使持票人对被保证人及其前手的追索权。

（三）票据的附条件

1. 出票时须记载"无条件支付的委托"，否则票据无效。

2. 背书和保证不得附条件，否则条件无效。

3. 承兑不得附条件，否则视为拒绝承兑。

⊙ ［常见设问场景及答题思路］

1. 案例中张三是票据的背书人，将票据背书给李四的时候注明"不得转让"，李四又将票据背书。李四的背书行为是否有效？张三的权益如何保护？

［答题思路］背书有效。张三只对李四承担票据责任，对李四的被背书人不承担票据责任。

2. 案例中，张三为某票据提供保证，但未记载被保证人名称，张三是否需要承担保证责任？

[答题思路] 需要承担。未记载被保证人名称的，不影响保证责任成立，推定承兑人或出票人为被保证人。张三作为保证人应承担票据保证责任。

3. 案例中张三是出票人，于出票时记载"不得转让"，后手李四又将此票据背书（质押、贴现）给银行，该票据是否有效？李四的背书行为是否有效？张三是否需要对银行承担票据责任？

[答题思路] 该票据有效，但李四背书（质押、贴现）给银行的行为无效。根据《票据法》的规定，出票人在汇票上记载"不得转让"字样的，汇票不得转让。所以李四将该票据背书（质押、贴现）给银行的行为无效，张三无须向银行承担票据责任。

⊙ **[主观工坊]**

1. 甲公司向丁公司借款，这时公司财产已经全部抵押或出质。无奈，甲公司将一张以自己为收款人的汇票出质，背书"出质"字样后，交付给丁公司。但出票人在汇票上记载有"不得转让"。因票据中做了"不得转让"的记载，甲对丁的出质是否有效？[1]

[答案] 无效。根据《票据法》第 27 条第 2 款：出票人在汇票上记载"不得转让"字样的，汇票不得转让。本案中，票据的出票人记载了"不得转让"，甲作为收款人不得再将之转让或质押，否则后续行为均无效。

2. 甲公司开具一张金额 50 万元的汇票，收款人为乙公司，付款人为丙银行。乙公司收到后将该汇票背书转让给丁公司。请回答：

（1）乙公司背书给丁公司时，记载"如果丁公司如约交货，则票据到期承担保证付款的责任"。该背书行为是否有效？

[答案] 该背书有效，只是记载的条件不生效。根据《票据法》第 33 条第 1 款的规定，背书不得附有条件。背书时附有条件的，所附条件不具有汇票上的效力。所以乙公司附加的付款条件无效，但背书行为有效，乙公司作为背书人承担保证其后手所持汇票承兑和付款的责任。

（2）如甲公司在出票时于汇票上记载有"不得转让"字样，乙公司的背书行为是否有效？

[答案] 乙公司的背书无效。根据《票据法》第 27 条第 2 款的规定，出票人在汇票上记载"不得转让"字样的，汇票不得转让。甲公司作为出票人记载了"不得转让"，导致该汇票不得再流通，所以乙公司的背书行为无效。

第三节　证　券　法

考点 1　证券交易的禁止和限制性规定

（一）一般规定

1. 职业回避

（1）任期或限期内禁止持有或买卖。

证券交易场所、证券公司和证券登记结算机构的从业人员，证券监督管理机构的工作

---

[1] 案情根据 2019 年法律职业资格考试主观题改编。

人员以及法律、行政法规规定禁止参与股票交易的其他人员，在任期或者法定限期内，不得直接或者以化名、借他人名义持有、买卖股票或者其他具有股权性质的证券，也不得收受他人赠送的股票或者其他具有股权性质的证券。

（2）任职前已持有的证券须转让。

任何人在成为前述所列人员时，其原已持有的股票或者其他具有股权性质的证券，必须依法转让。

（3）因股权激励或员工持股计划而持股者的例外。

实施股权激励计划或者员工持股计划的证券公司的从业人员，可以按照国务院证券监督管理机构的规定持有、卖出本公司股票或者其他具有股权性质的证券。

2. 保密

（1）证券交易场所、证券公司、证券登记结算机构、证券服务机构及其工作人员应当依法为投资者的信息保密，不得非法买卖、提供或者公开投资者的信息。

（2）证券交易场所、证券公司、证券登记结算机构、证券服务机构及其工作人员不得泄露所知悉的商业秘密。

3. 中介机构及人员限制

（1）为证券发行提供服务→限制承销期内+期满6个月

为证券发行出具审计报告或者法律意见书等文件的证券服务机构和人员，在该证券承销期内和期满后6个月内，不得买卖该证券。

（2）其他→实质接触+文件公开后5日

为发行人及其控股股东、实际控制人，或者收购人、重大资产交易方出具审计报告或者法律意见书等文件的证券服务机构和人员，自接受委托之日起至上述文件公开后5日内，不得买卖该证券。实际开展上述有关工作之日早于接受委托之日的，自实际开展上述有关工作之日起至上述文件公开后5日内，不得买卖该证券。

4. 禁止短线交易

（1）禁止上市公司董事、监事、高管、大股东短线交易。

上市公司、股票在国务院批准的其他全国性证券交易场所交易的公司持有5%以上股份的股东、董事、监事、高级管理人员，将其持有的该公司的股票或者其他具有股权性质的证券在买入后6个月内卖出，或者在卖出后6个月内又买入，由此所得收益归该公司所有，公司董事会应当收回其所得收益。

前述所称董事、监事、高级管理人员、自然人股东持有的股票或者其他具有股权性质的证券，包括其配偶、父母、子女持有的及利用他人账户持有的股票或者其他具有股权性质的证券。

（2）证券公司包销证券而持股5%以上，不受短线交易限制。

（3）股东代位诉讼制度：

公司董事会不按照（1）的规定执行的，股东有权要求董事会在30日内执行。公司董事会未在上述期限内执行的，股东有权为了公司的利益以自己的名义直接向人民法院提起诉讼。

公司董事会不按照（1）的规定执行的，负有责任的董事依法承担连带责任。

（二）禁止内幕交易

⊙ ［案例］光大证券"8.16 乌龙指"事件

2013 年 8 月 16 日 11 时 5 分 8 秒之后的 2 秒内，光大证券的交易系统生成并向上交所提交 26082 笔市价委托订单，累计申报买入 234 亿元市场权重股股票，实际成交 72.7 亿元。其后，光大证券又将 18.5 亿元股票转化为 ETF 卖出，并卖空 7130 手股指期货合约，对冲风险。证监会认定系统漏洞导致的预期外订单为内幕信息，光大证券是内幕信息知情人，在上述内幕信息公开前进行股指期货和 ETF 交易构成内幕交易，违法所得金额巨大，情节极其严重。

（三）禁止操纵证券市场的行为

⊙ ［案例］汪建中"抢帽子"案

汪建中，有着"股神"之称，系北京首发投资顾问有限公司法定代表人。在担任首发公司负责人期间，于 2006 年 7 月至 2008 年 5 月间，用本人及亲戚朋友的名义，开设多个证券账户，采用先买入低价股票，然后以公司名义在网站及上海证券报等媒介对外推荐该股票，人为影响股票交易价格，而当大量股民争相购买该股票，致使股票价格高升时，汪建中本人及亲戚朋友立即高价抛出，从中获利。其中汪建中利用自己实际控制的三个哥哥、两个侄女、一个侄子、一个保姆等 9 个账户，在买卖"工商银行""中国联通"等 38 只股票中，操纵证券市场 55 次，累计买入股票 52.6 亿元，卖出 53.8 亿元，非法获利 1.25 亿元。法院认为："汪建中犯操纵证券市场罪，判处有期徒刑七年，并处罚金一亿二千五百七十五万余元。"

（四）禁止虚假陈述和信息误导行为

（五）禁止欺诈客户行为

（六）禁止借用账户

（七）禁止资金违规流入股市

⊙ ［常见设问场景及答题思路］

1. 张三是证券公司从业人员，以父亲的名义开具账户进行股票买卖，是否合法？

［答题思路］不合法。作为证券公司从业人员，张三不得直接或者以化名、借他人名义持有、买卖股票。所以张三的行为是非法的，应及时注销账户。

2. 甲公司要发行新股，委托乙会计所出具审计报告，会计师李四负责具体的审计业务的开展。李四在该股票发行第 6 个月买入甲公司 10 万股股票，李四的行为是否合法？

［答题思路］不合法。李四作为为新股发行出具审计报告的工作人员，在该股票承销期内和期满后 6 个月内，不得买卖该种股票。所以李四在股票发行法定第 6 个月买入股票违反了这一规定。

3. 甲公司发行新股，由乙证券公司包销，承销期满仍有 6% 未能售出。承销期结束后，乙证券公司继续卖出这些股票的行为是否合法？

［答题思路］合法。虽然《证券法》及《公司法》都限制持有公司 5% 以上股份的股东短线交易的限制，但是证券公司因承销证券而持股 5% 以上时，不受此限制。所以证券公司有权在股票承销期结束后继续卖出股票。

4. 案例中的某某行为是否合法?

[**答题思路**] 以"公开、公平、公正"为基本的评价原则,结合内幕交易、操纵市场、借用账户、欺诈客户等行为的理解,综合判断案例中的行为的合法性。

⊙ [**主观工坊**]

张三是甲上市公司的董事。张三夫人是一名资深的股民,2018 年 3 月,买入甲上市公司的股票 200 万股,2018 年 6 月将之卖出,收益颇丰。请回答:

1. 张三夫人买卖股票的行为是否有效?

[**答案**] 有效。虽然《证券法》第 44 条规定了,上市公司董事、监事、持股 5% 以上大股东的短线交易限制,但并未否定交易行为的效力,为了维持交易的秩序和稳定,张三夫人的股票买卖行为是有效的。

2. 张三夫人买卖股票的行为会带来哪些后果?

[**答案**] 根据《证券法》第 44 条的规定,因张三是甲上市公司的董事,故作为配偶的张三夫人同样受到短线交易的限制。其 6 个月内买入又卖出了甲上市公司的股票,产生如下后果:

(1) 公司董事会应当收回其所得收益;

(2) 公司董事会不执行的,股东有权要求董事会在 30 日内执行;

(3) 公司董事会未在上述期限内执行的,股东有权为了公司的利益以自己的名义直接向人民法院提起诉讼;

(4) 公司董事会不执行的,负有责任的董事依法承担连带责任。

考点 2 投资者保护

(一) 投资者适当性管理

1. 投资者适当性管理

(1) 证券公司向投资者销售证券、提供服务时,应当按照规定充分了解投资者的基本情况、财产状况、金融资产状况、投资知识和经验、专业能力等相关信息;如实说明证券、服务的重要内容,充分揭示投资风险;销售、提供与投资者上述状况相匹配的证券、服务。证券公司违反上述规定导致投资者损失的,应当承担相应的赔偿责任。

(2) 投资者在购买证券或者接受服务时,应当按照证券公司明示的要求提供前述所列真实信息。拒绝提供或者未按照要求提供信息的,证券公司应当告知其后果,并按照规定拒绝向其销售证券、提供服务。

2. 普通投资者的特别保护

(1) 投资者分类

根据财产状况、金融资产状况、投资知识和经验、专业能力等因素,投资者可以分为普通投资者和专业投资者。专业投资者的标准由国务院证券监督管理机构规定。

(2) 普通投资者与证券公司的纠纷,证券公司需自证清白

普通投资者与证券公司发生纠纷的,证券公司应当证明其行为符合法律、行政法规以及国务院证券监督管理机构的规定,不存在误导、欺诈等情形。证券公司不能证明的,应当承担相应的赔偿责任。

（二）公开征集股东权利

1. 征集人

上市公司董事会、独立董事、持有1%以上有表决权股份的股东或者依照法律、行政法规或者国务院证券监督管理机构的规定设立的投资者保护机构（以下简称投资者保护机构），可以作为征集人。

2. 征集方式及限制

（1）征集人可自行或者委托证券公司、证券服务机构，公开请求上市公司股东委托其代为出席股东大会，并代为行使提案权、表决权等股东权利。

（2）依照前述规定征集股东权利的，征集人应当披露征集文件，上市公司应当予以配合。

（3）禁止以有偿或者变相有偿的方式公开征集股东权利。

（4）公开征集股东权利违反法律、行政法规或者国务院证券监督管理机构有关规定，导致上市公司或者其股东遭受损失的，应当依法承担赔偿责任。

（三）资产收益权的保障

1. 上市公司应当在章程中明确分配现金股利的具体安排和决策程序，依法保障股东的资产收益权。

2. 上市公司当年税后利润，在弥补亏损及提取法定公积金后有盈余的，应当按照公司章程的规定分配现金股利。

（四）债券持有人的保护

1. 设立债券持有人会议

公开发行公司债券的，应当设立债券持有人会议，并应当在募集说明书中说明债券持有人会议的召集程序、会议规则和其他重要事项。

2. 债券受托管理人

（1）聘请及变更债券受托管理人

公开发行公司债券的，发行人应当为债券持有人聘请债券受托管理人，并订立债券受托管理协议。受托管理人应当由本次发行的承销机构或者其他经国务院证券监督管理机构认可的机构担任，债券持有人会议可以决议变更债券受托管理人。

（2）债券受托管理人的职责

债券受托管理人应当勤勉尽责，公正履行受托管理职责，不得损害债券持有人利益。

（3）债券管理人受托进行代位诉讼

债券发行人未能按期兑付债券本息的，债券受托管理人可以接受全部或者部分债券持有人的委托，以自己名义代表债券持有人提起、参加民事诉讼或者清算程序。

（五）投资者保护机构深度介入

1. 投资者保护机构受托与投资者协议由相关责任主体先行赔付

发行人因欺诈发行、虚假陈述或者其他重大违法行为给投资者造成损失的，发行人的控股股东、实际控制人、相关的证券公司可以委托投资者保护机构，就赔偿事宜与受到损失的投资者达成协议，予以先行赔付。先行赔付后，可以依法向发行人以及其他连带责任人追偿。

⊙ ［案例］ 万福生科投资者先行赔付

万福生科 2012 年半年报中虚增营业收入 1.88 亿元、虚增利润 4023.16 万元。万福生科是中国首个涉嫌欺诈发行股票的创业板公司。而作为万福生科的保荐机构，平安证券在万福生科上市保荐工作中，未勤勉尽责，出具的《发行保荐书》和持续督导报告存在虚假记载。对此，证监会拟对平安证券给予警告并没收其万福生科发行上市项目的业务收入 2555 万元，并处以 2 倍的罚款，暂停其保荐机构资格 3 个月；对两位保荐代表人给予警告并分别处以 30 万元罚款，撤销保荐代表人资格和证券从业资格，采取终身证券市场禁入措施。

2013 年 5 月 11 日，平安证券宣布出资 3 亿元成立专项基金，先行偿付符合条件的投资者因万福生科虚假陈述而遭受的投资损失，并委托中国证券投资者保护基金有限责任公司担任基金管理人，负责基金的日常管理及运作，存续期为 2 个月。

截至 2013 年 6 月 28 日 15 时，同时完成网签及有效申报、与平安证券达成有效和解的适格投资者人数为 12 756 人，占适格投资者总人数的 95.01%，对适格投资者支付的补偿金额为 1.79 亿元，占应补偿总金额的 99.56%，补偿金已于 2013 年 7 月 3 日支付。

2. 调解

投资者与发行人、证券公司等发生纠纷的，双方可以向投资者保护机构申请调解。普通投资者与证券公司发生证券业务纠纷，普通投资者提出调解请求的，证券公司不得拒绝。

3. 支持投资者诉讼

投资者保护机构对损害投资者利益的行为，可以依法支持投资者向人民法院提起诉讼。

4. 代位诉讼

发行人的董事、监事、高级管理人员执行公司职务时违反法律、行政法规或者公司章程的规定给公司造成损失，发行人的控股股东、实际控制人等侵犯公司合法权益给公司造成损失，投资者保护机构持有该公司股份的，可以为公司的利益以自己的名义向人民法院提起诉讼，持股比例和持股期限不受《公司法》规定的限制。

⊙ ［特别提示］ 投资者保护机构作为"超级股东"，提起代位诉讼的，不受 1% 的持股比例及 180 天的持股时间的限制。

（六）代表人诉讼

1. 概念

投资者提起虚假陈述等证券民事赔偿诉讼时，诉讼标的是同一种类，且当事人一方人数众多的，可以依法推选代表人进行诉讼。

2. 一人牵头，法院公告，股东登记参与

对按照前述规定提起的诉讼，可能存在有相同诉讼请求的其他众多投资者的，人民法院可以发出公告，说明该诉讼请求的案件情况，通知投资者在一定期间向人民法院登记。人民法院作出的判决、裁定，对参加登记的投资者发生效力。

3. 投资者保护机构代表诉讼，默示加入，明示退出

投资者保护机构受 50 名以上投资者委托，可以作为代表人参加诉讼，并为经证券登

记结算机构确认的权利人依照前述规定向人民法院登记，但投资者明确表示不愿意参加该诉讼的除外。

⊙ ［常见设问场景及答题思路］

1. 普通投资者有哪些特殊的保护措施？

［答题思路］

（1）普通投资者与证券公司产生纠纷的，由证券公司自证清白；否则需要对普通投资者承担赔偿责任。

（2）普通投资者与证券公司发生证券业务纠纷，普通投资者提出调解请求的，证券公司不得拒绝。

2. 投资者保护机构作为代表人参加诉讼是否合法？其他股东的权益如何保护？

［答题思路］

（1）投资者保护机构受50名以上投资者委托，可以作为代表人参加诉讼。

（2）投资者保护机构为经证券登记结算机构确认的权利人向人民法院登记，人民法院作出的判决、裁定，对其发生效力。但投资者明确表示不愿意参加该诉讼的除外。

⊙ ［主观工坊］

万福生科2012年半年报中虚增营业收入1.88亿元、虚增利润4023.16万元。成为中国首个涉嫌欺诈发行股票的创业板公司，因为其披露虚假信息造成众多投资者的损失。请回答：

1. 如果投资者推选1名代表人对万福生科提起索赔诉讼，其余股东的权益如何保护？

［答案］代表人提起诉讼，人民法院可以发出公告，说明该诉讼请求的案件情况，通知投资者在一定期间向人民法院登记。人民法院作出的判决、裁定，对参加登记的投资者发生效力。

2. 投资者保护机构可否作为代表人参加诉讼？

［答案］根据《证券法》第95条第3款，投资者保护机构受50名以上投资者委托，可以作为代表人参加诉讼。

3. 如果投资者保护机构作为代表人参加诉讼，其他股东的权益如何保护？

［答案］根据《证券法》第95条第3款，投资者保护机构作为代表人参加诉讼，为经证券登记结算机构确认的权利人向人民法院登记，人民法院作出的判决、裁定，对其发生效力。但投资者明确表示不愿意参加该诉讼的除外。

考点3 信息披露

（一）信息披露义务

1. 信息披露基本义务

（1）发行人及法律、行政法规和国务院证券监督管理机构规定的其他信息披露义务人，应当及时依法履行信息披露义务。

（2）信息披露义务人披露的信息，应当真实、准确、完整，简明清晰，通俗易懂，不得有虚假记载、误导性陈述或者重大遗漏。

（3）证券同时在境内境外公开发行、交易的，其信息披露义务人在境外披露的信息，应当在境内同时披露。

2. 同时向所有投资者披露

(1) 信息披露义务人披露的信息应当同时向所有投资者披露，不得提前向任何单位和个人泄露。但是，法律、行政法规另有规定的除外。

(2) 任何单位和个人不得非法要求信息披露义务人提供依法需要披露但尚未披露的信息。任何单位和个人提前获知的前述信息，在依法披露前应当保密。

⊙ [案例] 董明珠提前透露公司业绩被深交所下发关注函，证监局发布警示函

格力电器 2019 年 1 月 16 日下午召开股东大会，公司董事长董明珠在大会上发表了"2018 年税后利润为 260 亿元"等有关公司业绩的言论，当日晚间，格力电器才发布公告称，预计 2018 年实现营收 2000 亿~2010 亿元，上年同期为 1500 亿元，预计盈利 260 亿~270 亿元，上年同期盈利 224 亿元，同比增长 16%~21%。

董明珠发表前述言论的时间，早于公司在中国证监会指定媒体公告的时间。

深交所在 1 月 17 日晚间对格力电器下发关注函，要求格力电器严格规范董事、监事、高级管理人员对外发布信息的行为，切实提高信息披露意识，遵守并促使有关人员遵守《股票上市规则》和深交所其他相关规定，真实、准确、完整、及时、公平地履行信息披露义务。

彼时，格力电器董事会秘书望靖东针对此事公开回应称，董明珠透露公司 2018 年业绩消息时，股市已经休市，所以不构成信息披露违规。

继深交所关注后，1 月 31 日，广东证监局发布〔2019〕6 号《关于对董明珠采取出具警示函措施的决定》，称董明珠提前透露公司业绩的行为违反了《上市公司信息披露管理办法》第 6 条第 2 款、第 45 条第 2 款的规定。

3. 自愿披露

(1) 除依法需要披露的信息之外，信息披露义务人可以自愿披露与投资者作出价值判断和投资决策有关的信息，但不得与依法披露的信息相冲突，不得误导投资者。

(2) 发行人及其控股股东、实际控制人、董事、监事、高级管理人员等作出公开承诺的，应当披露。不履行承诺给投资者造成损失的，应当依法承担赔偿责任。

(二) 违反信息披露义务的法律责任

1. 违反信息披露义务的行为表现

信息披露义务人未按照规定披露信息，或者公告的证券发行文件、定期报告、临时报告及其他信息披露资料存在虚假记载、误导性陈述或者重大遗漏，致使投资者在证券交易中遭受损失。

2. 法律责任

(1) 赔偿责任

归责原则	适用情形
无过错责任	信息披露义务人应当承担赔偿责任
过错推定责任	发行人的控股股东、实际控制人、董事、监事、高级管理人员和其他直接责任人员以及保荐人、承销的证券公司及其直接责任人员，应当与发行人承担连带赔偿责任，但是能够证明自己没有过错的除外

（2）处罚

①发行人在其公告的证券发行文件中隐瞒重要事实或者编造重大虚假内容。

发行人	尚未发行证券的→200万元以上2000万元以下的罚款（旧：30万~60万元）
	已经发行证券→非法所募资金金额%10以上1倍以下的罚款（旧：1%~5%）
直接责任人	100万元以上1000万元以下的罚款（旧：3万~30万元）

②发行人的控股股东、实际控制人组织、指使从事前述违法行为。

控股股东、实际控制人	有违法所得→没收违法所得+违法所得10%以上1倍以下的罚款
	没有违法所得或者违法所得不足2000万元的→200万元以上2000万元以下的罚款
直接责任人	100万元以上1000万元以下的罚款

③保荐人出具有虚假记载、误导性陈述或者重大遗漏的保荐书，或者不履行其他法定职责。

| 保荐人 | 1. 责令改正，给予警告
2. 罚款
（1）有业务收入的→没收业务收入+业务收入1倍以上10倍以下的罚款。
（2）没有业务收入或业务收入不足100万元→100万元以上1000万元以下的罚款。
3. 情节严重的，并处暂停或者撤销保荐业务许可 |
| 直接责任人 | 警告+50万元以上500万元以下的罚款 |

⊙ [常见设问场景及答题思路]

1. 某公司直接责任人张三（法定代表人、财务负责人等），在公司的股东大会上提前公布了公司的上年度盈利情况，当天晚上相关的数据才被官方公布，据查，张三在股东大会公布相关数据的时间是闭市以后。张三的行为是否合法？

[答题思路] 不合法。根据《证券法》第83条第1款规定，信息披露义务人披露的信息应当同时向所有投资者披露，不得提前向任何单位和个人泄露。但是，法律、行政法规另有规定的除外。尽管张三向股东大会披露时，当天的股市已经闭市，但与会股东有了更多的准备时间，相较于其他股东而言有了信息优势，违反了公平的基本原则，违反了同时披露的法定要求，张三的行为是违法的。

2. 某上市公司涉嫌财务造假，财务报表有虚增现金流的情形，情况严重，造成了投资者的巨大损失，投资者是否有权要求该公司的实际控制人承担赔偿责任？

[答题思路] 有权。根据《证券法》第85条的规定，本案中，某上市公司披露了虚假的财务信息，致使投资者在证券交易中遭受损失的，发行人的实际控制人应当与发行人承担连带赔偿责任，但是能够证明自己没有过错的除外。所以投资者可向实际控制人主张连带责任，由实际控制人自行证明没有过错，否则需对投资者承担连带责任。

⊙ [主观工坊]

2018年年底，证监会对康美药业进行立案调查，调查结果是，康美药业2016年至2018年财务报告存在重大虚假。在披露中，证监会还给出了目前查到的康美药业三个方面的违法事项，第一个是使用虚假银行单据虚增存款，第二个是通过伪造业务凭证进行收入造假，第三个则是部分资金转入到关联方账户买卖本公司股票。涉及资金近300亿元。因此造成损失的投资者如何救济？

[**答案**] 根据《证券法》第85条的规定，投资者有权要求康美药业承担无过错赔偿责任；投资者有权要求康美药业的控股股东、实际控制人、董事、监事、高级管理人员和其他直接责任人员以及保荐人、承销的证券公司及其直接责任人员，承担连带赔偿责任，但是能够证明自己没有过错的除外。

众合法考 2021 年 "客观题学习包" 免费课堂课程安排

理论先修阶段 (理论筑基——简明 扼要地讲授部门法 纲领性内容,培养 法学逻辑思维能力)	教学内容	各科主讲老师简明扼要地讲授部门法纲领性内容,搭建知识框架				
	教学目标	使考生初步形成对法考的认知,培养法学逻辑				
	课程安排	部门法	授课老师	课时	配套图书	上传时间
		民法	孟献贵	2 天	专题讲座· 先修卷	已上传
		刑法	徐光华	2 天		
		行政法	李 佳	2 天		
		民诉法	戴 鹏	2 天		
		刑诉法	左 宁	2 天		
		商经知	郄鹏恩	2 天		
		理论法	马 峰	2 天		
		三国法	李曰龙	2 天		
专题强化阶段 (夯实基础——全面 系统地讲授部门法 知识点,构建各学 科知识体系)	教学内容	各科主讲老师全面系统地讲授部门法内容,构建各学科知识体系,深入学习法学理论				
	教学目标	让考生树立体系思维,掌握重点难点内容				
	课程安排	部门法	授课老师	课时	配套图书	上传时间
		民法	孟献贵	8 天	专题讲座· 精讲卷	2021 年 1 月中旬 开始陆续上传
		刑法	徐光华	8 天		
		行政法	李 佳	6 天		
		民诉法	戴 鹏	4 天		
		刑诉法	左 宁	7 天		
		商经知	郄鹏恩	7 天		
		理论法	马 峰	7 天		
		三国法	李曰龙	4 天		
题库破译阶段 (真题为王——透视 命题规律,做到举 一反三,真正把题 做"透")	教学内容	通过对 10 年真题的全面讲解,归纳考试重点和规律,掌握考试方向,学会一道题,做对一类题				
	教学目标	让考生了解考试规律,知道学习的重点,培养解题思路,学会解题技巧				
	课程安排	部门法	授课老师	课时	配套图书	上传时间
		民法	孟献贵	3 天	专题讲座· 真金题卷	2021 年 3 月中旬 开始陆续上传
		刑法	徐光华	3 天		
		行政法	李 佳	3 天		
		民诉法	戴 鹏	2 天		
		刑诉法	左 宁	3 天		
		商经知	郄鹏恩	3 天		
		理论法	马 峰	3 天		
		三国法	李曰龙	2 天		
背诵突破阶段 (精华背诵——系统 化梳理考点,总结 归纳规律性知识内 容)	教学内容	对比梳理考点,总结归纳规律性知识内容,深化拔高				
	教学目标	帮助考生在复习后期,全面快速地回顾考点,提高应试能力				
	课程安排	部门法	授课老师	课时	配套图书	上传时间
		民法	孟献贵	4 天	专题讲座· 背诵卷	2021 年 6 月 下旬开始 陆续上传
		刑法	徐光华	4 天		
		行政法	李 佳	3.5 天		
		民诉法	戴 鹏	3 天		
		刑诉法	左 宁	4 天		
		商经知	郄鹏恩	4 天		
		理论法	马 峰	4 天		
		三国法	李曰龙	3 天		

注:课程上传时间如有变动,请以官网实际上传时间为准

听课方式

①电脑听课 众合官网(www.zhongheschool.com)-选择众合法考-选择公开课;B 站:UP 主·众合教育

②手机听课 下载竹马法考 APP -选择学习-选择公开课;下载众合在线 APP -选择众合法考-选择公开课

官网咨询热线 400-6116-858

众合全国分校咨询电话

序号	分校名称	咨询电话
01	北京众合	15511383383
02	上海众合	13818894921
03	广州众合	15992401274
04	天津众合	13752327078
05	济南众合	18663708655
06	保定众合	18101073995
07	唐山众合	18630507911
08	石家庄众合	0311-8926 5308
09	青岛众合	18669705081
10	太原众合	18835102114
11	沈阳众合	024-8100 2199
12	哈尔滨众合	17611039099
13	大连众合	15842658825
14	长春众合	18604303152
15	杭州众合	0571-8826 7517
16	南京众合	025-8479 8105
17	福州众合	18905011890
18	合肥众合	0551-6261 7728
19	徐州众合	18626007405
20	深圳众合	13717089464
21	南宁众合	13377183019
22	海口众合	15289735847
23	武汉众合	027-8769 0826
24	郑州众合	15670623227
25	长沙众合	13677369057
26	南昌众合	0791-86426021
27	西安众合	18691896468
28	兰州众合	18691819574
29	呼和浩特众合	15147157978
30	成都众合	15208448426
31	重庆众合	15825932808
32	贵阳众合	0851-8582 0974
33	昆明众合	18687506473
34	银川众合	18709605353
35	西宁众合	18997222862
36	乌鲁木齐众合	18999939621
37	华东市场拓展部	13851436246
38	加盟事业部	13701200741